Teresa von Ávila
Die Botschaft vom Gebet

W0034192

Teresa von Jesus. Flämischer Meister um 1630
Karmelitinnenkloster Brüssel (Belgien)

TERESA VON ÁVILA

DIE BOTSCHAFT
VOM GEBET

Aus
›Weg der Vollkommenheit‹
Kapitel 19–42

Herausgegeben und übersetzt von P. Reinhard Körner OCD

Originaltitel: Teresa de Jesús, Camino de perfección
(Autografo de Valladolid), cap. 19-42
Neu übersetzt nach der spanischen Gesamtausgabe
der Werke Teresas: Santa Teresa de Jesús, Obras completas,
hrsg. von Alberto Barrientos, Madrid 1984

Die Deutsche Bibliothek - CIP-Einheitsaufnahme

Teresa <de Jesús>:
Die Botschaft vom Gebet :
aus "Weg der Vollkommenheit",
Kapitel 19-42 / Teresa von Ávila.
(hrsg. und übers. von Reinhard Körner).–
2. Aufl. - Leipzig : Benno-Verl., 1992
ISBN 3-7462-1021-6

Kirchliche Druckerlaubnis: Dresden, den 11. Mai 1987,
H. J. Weisbender, Generalvikar

ISBN 3-7462-1021-6

© für deutschsprachige Ausgabe
St. Benno-Verlag GmbH Leipzig 1988

INHALT

EINFÜHRUNG

Als Papst Paul VI. der heiligen Teresa von Ávila den Titel »Kirchenlehrer« verlieh, nannte er sie »eine Mutter von bezaubernder Einfachheit, eine Meisterin von nie genug bestaunter Tiefe«, die den Menschen unserer Zeit »die Botschaft vom Gebet« bringe.[1] Angesichts der Glaubensverflachung durch einen kirchlichen Aktivismus, der das Beten nur allzu schnell verzweckt oder praktisch mehr oder weniger aus dem reich angefüllten Tageslauf streicht, angesichts auch eines veräußerlichten, nicht selten auch magisch-naiven Gebetsverständnisses in unseren Gemeinden ist Teresas Lehre tatsächlich eine Botschaft – klärend, erhellend und befreiend. Beten ist, so schreibt sie einmal, „nichts anderes als ein Verweilen bei einem Freund, mit dem wir oft und gern allein zusammenkommen, um mit ihm zu reden, weil wir sicher sind, daß er uns liebt."[2] Weil sie in Jesus Christus einem freundschaftlichen Gott begegnet, hat sie den Mut, mit »Seiner Majestät« zu sprechen, wie sie es gerade kann, und mit »entschiedener Entschlossen-

[1] Homilie Papst Paul VI. am 27. September 1970 im Petersdom, in: Christliche Innerlichkeit, Heft 2–3/1971 (Festschrift: Teresa de Jesús. Eine Frau als Kirchenlehrer).
[2] Autobiographie, Kap. 8,5.

heit«[3] läßt sie sich von ihm in die Tiefen der Gottesliebe einführen. »Mit einem so guten Freund an der Seite, der uns auch im Leiden vorausging«[4], erwächst für sie, die unermüdlich aktive Gründerin von 19 kontemplativen Klöstern des reformierten Karmelitenordens im Spanien des 16. Jahrhunderts, aus dem Gebet eine Lebenshaltung: Sie kann die Sorge um sich selbst vergessen und sich ganz in den Dienst der Sorge Gottes für die Menschen stellen, ihr Unternehmungsgeist bekommt Furchtlosigkeit und Weite, ihr Leben wird zur Freundschaft mit Gott und mit den Menschen. »Es ist ihr Vorzug und ihr Verdienst«, sagt Paul VI., »alle Geheimnisse des Betens aus eigenem Erleben zu kennen, aus einer Erfahrung, die in ihr Wirklichkeit geworden ist in einer ganz der Kontemplation geweihten Existenz und im aktiven Einsatz ihrer Kräfte, aus einer Erfahrung, die sie erlitten und freudig erlebt hat unter der Einwirkung außergewöhnlichster geistiger Charismen. Und Teresa hat wirklich die Gabe besessen, diese Geheimnisse kundzutun und in einer Weise darzustellen, daß man sie einreihen muß unter die Größten der Lehrer des innerlichen Lebens.«[5]

In ihrem Rückblick auf die ersten 45 Lebensjahre, der *Autobiographie*, die sie auf Geheiß des Beichtvaters niederschrieb, stellt Teresa ausführlich dar, wie sie zu solchem Beten gefunden hat und welchen Krisen sie auf dem Weg zur Verinnerlichung des Glaubens ausgesetzt war.[6]

---

[3] Weg der Vollkommenheit, Kap. 21,2 (s. S. 31).

[4] Autobiographie, Kap. 22,6.

[5] AaO. 6f.

[6] Besonders in den Kapiteln 11–22 spricht Teresa über ihre innere Entwicklung im Gebet.

15 Jahre später entsteht eines der reifsten Werke in der geistlichen Literatur, *Die Innere Burg*: In sieben Abschnitten, entsprechend den sieben »Wohnungen« der Seele, die der Beter durchwandere, beschreibt Teresa den inneren Entwicklungsgang von den Anfängen des geistlichen Lebens bis zur sogenannten »mystischen Vermählung«, jener Einheit von Gott und Mensch im Bewußtsein und im Handeln, in der sie das Ziel echter christlicher Frömmigkeit sieht. Dazwischen liegt die Abfassung eines Buches mit dem Titel *Weg der Vollkommenheit*. Teresa schreibt es, einem langen Brief ähnlich, für ihre Schwestern im ersten von ihr gegründeten Karmel »San José« in Avila – ohne dabei zu verhehlen, wie gern sie die darin weitergegebenen Schätze mit der ganzen Menschheit teilen würde. Nachdem sie zunächst in 18 Kapiteln aufzeigt, worin die karmelitanische Ordensberufung und das Wesen des kontemplativen Lebens überhaupt bestehen, beginnt sie – wohl nach einer längeren Zwischenzeit[7] –, ihre Leser zur Praxis des »inneren Betens« – als der Seele aller Gebets- und Meditationsformen – hinzuführen. Diese 23 Kapitel liegen hier in einer Neuübersetzung vor, die den spontan aus der Feder fließenden, manchmal etwas sprunghaften, immer aber von innen heraus engagierten Stil der geistlichen Meisterin nachzugestalten versucht.

Der Überblick über den Text läßt sich leicht gewinnen. Teresa fragt zunächst nach dem Wesen des Betens und ringt für ihre Schwestern mit der damaligen öffentlichen (kirchlichen) Meinung um Verständnis für das »innere Beten«, das innerlich vollzogene, liebende Sich-zu-Gott-

---

[7] Vgl. S. 13.

Hinwenden der Seele, das Beten erst zum Beten macht. Dann führt sie in die Schule ein, in der auch sie beten lernte, in das Vaterunser, mit dem Jesus auch heute – das ist ihre Erfahrung und zugleich ein Grundgedanke ihrer Botschaft – Menschen beten lehrt.

Eine Meditationshilfe im Anhang des Buches versucht, Teresas Anliegen mit einigen Gedanken heutiger Bibelauslegung, wie sie der Erfurter Neutestamentler Prof. Dr. Heinz Schürmann in seinem Buch *Das Gebet des Herrn als Gebets- und Lebensschule Jesu*[8] veröffentlicht hat, zusammenzuschauen und will das Verständnis der folgenden Kapitel vorbereiten oder nachbereitend vertiefen.

Karmel St. Teresa, Birkenwerder

P. Reinhard Körner OCD

---

[8] *Heinz Schürmann*, Das Gebet des Herrn als Gebets- und Lebensschule Jesu, 6., verbesserte und erweiterte Auflage, Leipzig 1981.

Die Botschaft vom Gebet

aus
›Weg der Vollkommenheit‹
Kapitel 19–42

1. (19.) Kapitel[9]

1 Lange ist es her, daß ich die vorstehenden Seiten geschrieben habe, ich fand nicht Zeit, das Begonnene fortzusetzen. Nun müßte ich erst wieder nachlesen, um zu wissen, was ich bisher gesagt habe. Aber ich will keine Zeit verlieren. So werde ich einfach weiterschreiben, wie es mir in den Sinn kommt, ohne Rücksicht auf den roten Faden und auf geordnete Gliederung.

Es gibt viele gute Bücher über das Gebet, geschrieben von sachkundigen Autoren, gut geeignet für diejenigen, die methodisch veranlagt sind, sich leicht sammeln können und in der *Betrachtung* Übung haben. Darum wäre es nicht recht, wenn ihr dem, was ich über das Beten zu sagen habe, besonderes Gewicht beimessen wolltet. Ihr habt Bücher, in denen ihr Betrachtungsanregungen über die Geheimnisse des Lebens und Leidens unseres Herrn, auf die Tage der Woche verteilt, finden könnt, ebenso Meditationen über Gericht und Hölle, über die Nichtigkeit des Menschen und über all das, was wir Gott verdanken. Ihr habt auch ausgezeichnete Anleitungen, wie man eine Gebetszeit beginnt

---

[9] Die Kapitel sind hier neu durchnummeriert. Die jeweils in Klammern angegebene Ziffer bezieht sich auf die Originalzählung im Weg der Vollkommenheit.

und beschließt. Wer es sich also zur Gewohnheit gemacht hat, in der Form der Betrachtung zu beten, und gut damit zurechtkommt, dem habe ich nichts mehr zu sagen. Er ist auf einem so guten Weg, daß der Herr ihn schon in den Hafen des Lichtes führen wird; auf einen guten Anfang wird auch ein gutes Ende folgen. Alle, die diesen Weg zu gehen vermögen, finden Ruhe und Sicherheit; denn wer die Gedanken sammeln kann, geht im Frieden voran.

Ich möchte hier über eine Not sprechen, an der sehr viele Menschen leiden, und ein paar Hinweise geben, die für euch hilfreich sein können – vorausgesetzt, daß mir der Herr das rechte Wort schenkt; wenn nicht, so soll euch mein Versuch wenigstens darin bestärken, den Mut nicht sinken zu lassen, falls es euch ebenso ergeht.

2 Es gibt Menschen, deren Gedanken ungezügelten Pferden gleichen, die niemand zum Stehen bringen kann; sie galoppieren hierhin, sie galoppieren dorthin, ständig sind sie in Bewegung. Die Ursache für diese Ruhelosigkeit liegt wohl in der Natur solcher Menschen oder darin, daß Gott es so zuläßt. Sie tun mir jedenfalls sehr leid. Sie kommen mir vor wie Dürstende, die in weiter Ferne Wasser sehen, und wenn sie hingehen wollen, auf Hindernisse stoßen, die ihnen anfangs, unterwegs und noch am Ziel den Zugang zur Quelle verwehren. Mit großer, ja manchmal sehr großer Anstrengung überwinden sie die ersten Hürden, doch dann lassen sie sich an den nächsten besiegen; sie wollen lieber vor Durst sterben als von dem Wasser trinken, das sie so teuer erkämpfen mußten. Sie haben keine Kraft mehr, der Mut verläßt sie. Und haben einige genug Kraft und Mut, die zweite Sorte von Hinder-

nissen zu überwinden, so fühlen sie sich den dritten nicht mehr gewachsen – obwohl sie vielleicht nur noch zwei Schritte von der Quelle entfernt sind, aus der das Wasser des Lebens fließt, von dem der Herr zur Samariterin sagte: »Wer von diesem Wasser trinkt, wird niemals mehr Durst haben.«[10] Wie wahr ist dieses Wort, es kommt ja aus dem Mund der Wahrheit selbst! Ein solcher Mensch wird nach nichts mehr in diesem Leben verlangen, während der Durst nach dem, was zum kommenden Leben gehört, zunimmt, und zwar viel mehr, als wir es uns im Bild des natürlichen Durstes vorstellen können. – Wie durstig wird man nach diesem Durst, wenn die Seele erst einmal seinen Wert erkannt hat! Obwohl er so quälend und verzehrend empfunden wird, bringt er doch zugleich die Linderung mit, durch die er gestillt wird. So bleibt das Verlangen der Seele unstillbar – außer es ist auf irdische Dinge gerichtet. Wenn Gott einem Menschen den Durst stillt, dann läßt er ihm dennoch das Verlangen. Darin besteht die größte Gnade, die er ihm erweisen kann. Ja, er gibt ihm ein noch stärkeres Verlangen, von diesem Wasser immer aufs neue zu trinken.

3 Wasser hat viele Eigenschaften. Drei kommen mir gerade in den Sinn, weil sie mir zur Erläuterung des Folgenden dienlich scheinen.
Die erste Eigenschaft des Wassers ist, daß es kühlt. Mag uns noch so große Hitze quälen, das Wasser kann sie

---

[10] Joh 4,14. Das durchgängige Bild vom »lebendigen Wasser« hat Teresa dieser Perikope, dem Gespräch am Jakobsbrunnen (Joh 4,1–26), entnommen. – Alle Schriftstellen zitiert Teresa aus dem Kopf.

schwinden lassen. Selbst ein großes Feuer löscht es aus – es sei denn, es handelt sich um ein Teerfeuer, das durch Wasser nur noch mehr aufflammt. O mein Gott, wie wunderbar ist das: Feuer lodert durch Wasser noch mehr auf, wenn es sich um ein starkes, mächtiges, den Elementen nicht unterworfenes Feuer handelt; das Wasser, das doch im Gegensatz zum Feuer steht, löscht dieses nicht aus, sondern nährt es noch! Wenn ich doch darüber mit jemandem sprechen könnte, der sich in der Philosophie auskennt! Denn wüßte ich über die Eigenschaften der Dinge gründlicher Bescheid, könnte ich mir viel besser erklären, was das Bild vom Wasser in diesem Zusammenhang sagt. So aber erfreue ich mich zwar daran, kann aber nichts darüber aussagen und verstehe alles nur recht mangelhaft.

4   Meine Schwestern, wenn Gott euch einmal von diesem Wasser zu trinken gibt – einige von euch trinken ja bereits davon –, dann werdet ihr das alles selber verkosten. Ihr werdet erfahren, wie die wahre Gottesliebe Herr über die Welt und über alle Elemente ist, wenn sie nur stark geworden und frei von der Anhänglichkeit an die irdischen Dinge ist, ja wenn sie über ihnen fliegt. Auch wenn das Wasser der Erde entspringt, braucht ihr nicht zu fürchten, es könnte das Feuer der Gottesliebe löschen. Es hat keine Gewalt darüber. Obwohl es sich um zwei gegensätzliche Elemente handelt, ist das Feuer bereits absoluter Herr und dem Wasser nicht mehr unterworfen. Deshalb soll es euch nicht wundern, meine Schwestern, wenn ich euch in diesem Buch so vieles geschrieben habe, das euch zu dieser Freiheit führen will. Ist es nicht wunderbar, daß eine arme

Schwester des Klosters vom hl. Josef die Herrschaft über die ganze Erde und über alle ihre Elemente erlangen kann? Kein Wunder, daß die Heiligen durch Gottes Hilfe mit den Elementen machen konnten, was sie wollten! Dem heiligen Martin gehorchten Feuer und Wasser, dem heiligen Franziskus sogar die Vögel und die Fische, und von vielen anderen Heiligen wissen wir ähnliches. Daß ihnen die Dinge der Welt so verfügbar wurden, ist ganz offensichtlich eine Frucht ihres Bemühens, das Vergängliche gering zu achten und sich aufrichtig und mit allen Kräften in den Dienst dessen zu stellen, der der Herr der Welt ist. Das Wasser, das von der Erde stammt, hat also, wie gesagt, keine Gewalt über dieses Feuer. Seine Flammen lodern hoch auf, es bleibt nicht an der Niedrigkeit dieser Erde haften. Freilich gibt es auch die Feuer geringerer Gottesliebe, die jeder Windhauch löschen kann. Das Feuer jedenfalls, von dem ich hier spreche, kann durch nichts, wirklich durch nichts ausgelöscht werden. Mag sich auch ein ganzes Meer von Versuchungen darüber ergießen, es würde dennoch nicht aufhören zu brennen und bliebe Herr über die Gewalten.

5   Noch viel weniger kann solches Feuer von dem Wasser gelöscht werden, das vom Himmel kommt. Beide haben ja die gleiche Herkunft und stehen nicht im Widerspruch zueinander. Ihr braucht also nicht zu befürchten, das eine Element könnte das andere beeinträchtigen, im Gegenteil, sie fördern sich gegenseitig in ihrer Wirkung. Das Wasser wahrer Tränen, die uns beim echten Gebet kommen können, ist Geschenk des himmlischen Königs. Es facht das Feuer nur noch mehr an und bewirkt, daß es andauert;

das Feuer seinerseits fördert die kühlende Wirkung des Wassers.

Gott, steh' mir bei, wie schön, wie wunderbar ist das! – ein Feuer, das kühlt! Ja, es läßt sogar alle Anhänglichkeit an die Welt erfrieren, wenn es mit dem lebendigen Wasser vom Himmel verbunden ist. Der Himmel ist die Quelle der Tränen, von denen ich sprach, sie sind eine Gabe und werden nicht durch eigenes Bemühen hervorgerufen. Sie nehmen spürbar die Wärme hinweg, die uns zu irdischen Dingen hinzieht. Wohl aber erlauben sie der Seele, das Feuer der Gottesliebe anderen Menschen mitzuteilen, damit in ihnen die gleiche Liebe entzündet wird. Denn es liegt im Wesen dieses Feuers, mit wenigem nicht zufrieden zu sein. Wenn es könnte, würde es die ganze Welt in Brand stecken.

6 Das Wasser hat auch die Eigenschaft, schmutzige Dinge rein zu machen. Wenn es kein Wasser zum Waschen gäbe, was würde wohl aus der Welt werden? Wißt ihr, wie rein dieses lebendige Wasser vom Himmel ist, dieses klare Wasser, wenn es nicht trübe und schlammig ist, sondern vom Himmel fällt? Wer auch nur einmal davon trinkt, der wird – da bin ich ganz sicher – ganz rein von aller Schuld. Denn wie ich schon geschrieben habe, gibt Gott uns dieses Wasser zu trinken (wir können es nicht auf eigenen Wunsch hin kosten, da die Vereinigung mit Gott etwas ganz Übernatürliches ist), um uns zu reinigen und uns rein und frei von dem Schlamm und dem Elend zu machen, in dem wir aufgrund unserer Schuld stecken.

Was wir sonst durch Vermittlung des Verstandes verkosten können (wie etwa in der Gebetsform der Betrachtung), ist doch immer Wasser, das über die Erde geflossen ist, so viel Gutes es auch in uns bewirken mag. Diese Freuden stammen nicht aus der Quelle. Im Flußbett der Erde fehlt es ja nie ganz an Schlamm, der sich mit dem Wasser verbindet, und so ist es nie ganz rein und ganz sauber. Die Gebetsweise der Betrachtung, bei der man, wie schon gesagt, vor allem den Verstand einsetzt, nenne ich nicht Verkosten von lebendigem Wasser − so entspricht es jedenfalls meinem Verständnis. Denn so sehr wir uns auch Mühe geben, an unserer Seele bleibt doch dabei immer etwas haften, was wir eigentlich nicht wollten, und unser Leib und unsere unvollkommene Natur tragen dazu noch bei.

7 Ich will das näher erklären. Wir betrachten zum Beispiel die Beschaffenheit der Welt und wie vergänglich alles ist, um die Dinge so einzuschätzen, wie sie wirklich sind. Ohne daß wir es zunächst bemerken, sind wir mit den Gedanken plötzlich mittendrin in dem, was wir lieben. Und obwohl wir uns davon lösen wollten, wird doch allein schon das Nachdenken darüber, wie dies und jenes gewesen sei und wie es sein würde, was wir getan haben und was wir tun werden, zu einem kleinen Hindernis. Indem wir darüber nachsinnen, wie wir von unseren Anhänglichkeiten freikommen können, setzen wir uns nicht selten schon wieder neuer Gefahr aus. Das heißt nicht, wir sollten über all das nicht nachdenken, aber es ist Sorge geboten, achtsam zu sein.

Beim *kontemplativen Gebet*, das der Herr als das lebendige Wasser schenkt, übernimmt er selber diese Sorge. Er will nicht, daß wir auf uns Vertrauen setzen. Er achtet unsere Seele so hoch, daß er sie während der Zeit, in der er sie auf solche Weise beschenken will, nicht von Dingen eingenommen sein läßt, die ihr schaden könnten. Vielmehr hebt er sie plötzlich in seine Nähe und zeigt ihr in einem einzigen Augenblick mehr Wahrheiten und gibt ihr klarere Einsicht in das, was alles Irdische wirklich wert ist, als wir durch Nachdenken im betrachtenden Gebet in vielen Jahren erlangen könnten. Denn unser Blick ist nicht frei, der Staub, den wir durch unsere eigenen Schritte auf den Erdenwegen hochwirbeln, macht uns blind. Hier dagegen führt uns der Herr zum Ziel der Reise, ohne daß wir verstehen wie.

8   Weiter hat das Wasser die Eigenschaft, daß es den Durst stillt. Durst haben soll hier so viel bedeuten wie: Verlangen nach etwas haben, etwas so notwendig brauchen, daß wir sterben müßten, würden wir es nicht bekommen. Es ist doch sonderbar: Wenn uns etwas fehlt, tötet es uns, und wenn wir etwas im Überfluß haben, nimmt es uns gleichfalls das Leben, wie man bildlich an denen sieht, die im Wasser ertrunken sind. O mein Herr, könnte ich doch nur so tief in dieses lebendige Wasser versinken, daß es mir das Leben nimmt! Sollte das nicht möglich sein? Ja, es wäre möglich. Die Liebe und die Sehnsucht nach Gott können so groß werden, daß die Kräfte der menschlichen Natur überfordert werden. Es gab tatsächlich schon Menschen, die an Liebe gestorben sind. Ich kenne jemanden,[11] dem Gott so reichlich von dem lebendigen Wasser gegeben hat, daß ihm dies beinahe wider-

---

[11] Teresa spricht hier von sich selbst.

fahren wäre, hätte Gott nicht sofort geholfen und ihn durch eine Verzückung gewissermaßen sich selbst entrissen. Damit will ich sagen, daß die Seele plötzlich wieder zur Ruhe fand. Ertrunken im Ungenügen an der Welt, auferstanden in Gott, macht seine Majestät sie in einem solchen Augenblick dazu fähig, das zu genießen, was sie sonst aus sich heraus nicht hätte genießen können, ohne daran zu sterben.

9   Man kann daraus sehen, daß es in Gott, unserem höchsten Gut, nichts gibt, was nicht ganz vollkommen wäre, und daß alles, was er uns schenkt, zu unserem Heil ist. So viel er uns von diesem Wasser auch geben mag, es kann nie zu viel sein, denn was von Gott ist, kennt kein Zuviel. Gibt er viel, so macht er, wie gesagt, die Seele auch fähig, viel aufzunehmen, so wie der Glasbläser, der ein Gefäß fertigt, es ja auch in der Größe gestaltet, die es braucht, um das, was er hineingießen will, fassen zu können.

Kommt das Verlangen nach dem Wasser des Lebens aus uns selbst, so sind damit immer irgendwelche Unvollkommenheiten verbunden. Ist etwas Gutes daran, so hat der Herr uns dazu verholfen. Da wir so wenig zu unterscheiden vermögen, dieses Sehnen in uns aber süß und angenehm ist, glauben wir nie genug bekommen zu können. Wir genießen solches Verlangen ohne Maß und nähren es noch, so gut wir können, so daß es gelegentlich tötet. Welch ein glücklicher Tod! Vielleicht aber hätte man lebend dazu beitragen können, daß auch andere an der Sehnsucht nach diesem Tod sterben! Hier ist, glaube ich, der Teufel am Werk! Er erkennt, welchen Schaden wir ihm durch ein kontemplatives Leben bereiten würden.

Deshalb regt er zu unklugen Werken an, um uns die Gesundheit zu zerstören. Daran ist ihm nicht wenig gelegen.

10 Wer also einen solchen Durst empfindet, dem sage ich, er soll auf der Hut sein! Denn die genannte Versuchung wird gewiß nicht ausbleiben. Mag er auch an seinem Durst nicht sterben, so wird er doch seine Gesundheit ruinieren und – was auf jeden Fall vermieden werden sollte –, ohne es zu beabsichtigen, seine Sehnsucht nach außen hin zu erkennen geben. Wir können nicht alles so geheimhalten, wie wir es möchten. Wenn ein solch heftiges Verlangen in uns aufsteigt, das die ohnehin schon vorhandene Sehnsucht des Herzens nach Gott noch verstärkt, so müssen wir uns sehr hüten, es noch zu steigern. Besser sollten wir unsere Gedanken sanft auf eine andere Betrachtung lenken. Die eigene Natur kann uns nämlich manchmal genauso stark treiben wie die Liebe. Es gibt ja doch Menschen, die nach allem, selbst nach Bösem, sehr heftig verlangen. Sie sind meist, so glaube ich, nicht gerade sehr losgelöst. Losgelöstsein ist immer sehr nützlich. Es scheint zwar widersinnig, etwas so Gutes eindämmen zu wollen, aber widersinnig ist es durchaus nicht! Ich sage ja nicht, man solle die Sehnsucht nach Gebetserfahrung ersticken, sondern man soll darin maßhalten, und das kann dadurch geschehen, daß man den inneren Blick auf ein anderes, ebenso verdienstliches Verlangen richtet.

11 Ich will es etwas deutlicher erklären. Es erfaßt uns zum Beispiel ein heftiges Verlangen, bald bei Gott zu sein und aus dem Gefängnis dieses Lebens befreit zu werden,

so wie es der heilige Paulus erlebte. Der Schmerz aus einem solchen Grund muß unendlich kostbar sein! Da bedarf es sicher keiner geringen Loslösung, um dieses Sehnen einzudämmen, und ganz wird es wohl ohnehin nicht gelingen. Manchmal kann solches Sehnen so heftig werden, daß es einem fast den Verstand raubt. Das habe ich kürzlich bei jemandem[12] erlebt, der schon von Natur aus sehr temperamentvoll ist, sich jedoch bereits darin geübt hat, gegen den Eigenwillen vorzugehen (ich glaube sogar, er hatte ihn bereits verloren, was sich in mehrfacher Hinsicht recht deutlich zeigte).

Einen Augenblick lang sah ich diesen Menschen infolge seiner großen Pein und wohl auch wegen der Gewalt, die er sich antat, um sie zu verbergen, wie außer sich. Wenn ein inneres Verlangen so übermäßig wird, entspricht es meiner Meinung nach – selbst wenn tatsächlich der Geist Gottes am Wirken wäre – der Demut, achtsam zu sein. Keinesfalls dürfen wir meinen, es sei unsere eigene Liebe, die so groß wäre und uns so heftig bedrängt.

12 Meiner Meinung nach wäre es durchaus richtig (soweit das möglich ist, immer wird es freilich nicht gehen), an Stelle dieses Verlangens einem anderen Sehnen in sich Raum zu geben oder daran zu denken, daß man lebend Gott mehr dienen und vielleicht jemanden, der sonst verlorenginge, zum Lichte führen kann oder daß man, wenn man Gott so dient, sich vielleicht noch mehr an ihm erfreuen könnte (wobei wir immer in dem Gedanken leben müssen, daß wir ihm viel zu wenig gedient haben).

12 Ebenso.

Das sind hilfreiche Erwägungen in einer solchen Situation. Sie lindern die Pein und bringen reichen Gewinn. Denn dann ist man bereit, dem Herrn auch weiterhin auf Erden zu dienen und mit der Sehnsucht nach ihm weiterzuleben. Es ist, als sagte er zu uns, was man sonst jemandem sagt, der eine schwere Prüfung oder großen Schmerz durchlitten hat: »Hab Geduld . . ., überlaß dich den Händen Gottes . . ., laß Gott nach seinem Willen handeln . . ., wir können nichts Besseres tun, als uns seinen Händen zu überlassen . . .«

13 Es ist natürlich möglich, daß auch der Teufel in irgendeiner Weise zu einem so heftigen inneren Verlangen beiträgt. So erzählt, wenn ich mich recht entsinne, Cassian von einem Eremiten, der ein sehr strenges Leben führte. Diesem flüsterte der Teufel den Gedanken ein, sich in einen Brunnen zu stürzen, damit er Gott schneller schaue. Meiner Meinung nach hatte dieser Eremit zu wenig Demut und hat Gott auch sonst nicht gut gedient. Denn der Herr ist treu, und seine Majestät hätte eine Verblendung, die so offensichtlich ist, nicht zugelassen. Vielmehr ist klar: Wäre das Verlangen nach der Ewigkeit wirklich von Gott gekommen, hätte es ihn nicht in solches Übel gestürzt. Denn das von Gott eingegebene Sehnen bringt Licht, Unterscheidungsgabe und das rechte Maßhalten mit sich. Ganz klar ist auch dies: Der Widersacher, unser Feind, versucht uns Schaden zuzufügen, wo er nur kann. Da er niemals Ruhe gibt, müssen wir stets auf der Hut sein! Dieser Rat ist in vielfacher Hinsicht ernst zu nehmen. So soll man sogar die Zeit des Gebetes, so viel innere Freude man auch daran haben mag, abkürzen,

wenn man merkt, daß man körperlich erschöpft ist oder
sich Kopfschmerzen einstellen. Klugheit und Unterscheidungsgabe sind, wie gesagt, in allem sehr notwendig.

14 Meine Töchter, warum habe ich nun wohl zuerst
vom Ziel gesprochen, warum den Siegespreis gezeigt, bevor ich von der Schlacht rede? Warum habe ich von der
großen Kostbarkeit erzählt, die euch einmal geschenkt
werden wird, wenn ihr aus der himmlischen Quelle, von
diesem lebendigen Wasser trinkt? Ich tat es, damit euch
die Mühen und Schwierigkeiten des vor euch liegenden
Weges nicht betrüben, damit ihr mutig vorangeht und
nicht müde werdet. Denn, wie gesagt, es könnte leicht
geschehen, daß ihr noch dann, wenn ihr bereits an der
Quelle angekommen seid und euch nur noch niederbeugen
müßtet, um daraus zu trinken, alles aufgebt und dieses
Gut verliert, nur weil ihr meint, daß euch die Kraft fehlt,
es zu erreichen, und daß ihr für so etwas nicht bestimmt
seid.

15 Denkt daran, daß der Herr alle einlädt. Da er die
Wahrheit selber ist, darf man daran nicht zweifeln. Würde
seine Einladung nicht allen gelten, so hätte der Herr uns
nicht alle gerufen; und hat er uns alle gerufen, so hätte er
nicht sagen können: »Ich will euch zu trinken geben«,
dann hätte er sagen müssen: »Kommt alle zu mir, ihr
werdet dabei nichts verlieren; zu trinken werde ich
allerdings nur denen geben, bei denen es mir gerade gefällt.« Sein Wort ist aber ohne Einschränkung, an alle
gerichtet. Deshalb glaube ich ganz sicher, daß alle, die
unterwegs nicht zurückbleiben, vom Wasser des Lebens

trinken werden. Der Herr, der es uns verspricht, schenke uns die Gnade, daß wir so danach suchen, wie man es suchen muß.

2. (20.) Kapitel

1 Im vorhergehenden Kapitel habe ich scheinbar dem widersprochen, was ich früher einmal sagte. Denn als ich die tröstete, die nicht so weit kommen, hatte ich gesagt, der Herr würde uns auf verschiedenen Wegen zu sich hinführen, so wie es im Himmel auch viele Wohnungen gibt. Dies gilt, und ich möchte es hier wiederholen. Seine Majestät kennt ja unsere Schwachheit, deshalb hat er in seiner Güte auch im voraus für jeden von uns gesorgt. Allerdings hat er nicht gesagt: »Die einen mögen diesen Weg und die anderen jenen gehen«, vielmehr wollte er in seiner großen Barmherzigkeit niemandem die Möglichkeit nehmen, auch noch zur Quelle des Lebens aufbrechen zu können, um daraus zu trinken. Gepriesen sei er in Ewigkeit, denn mit wieviel Recht hätte er gerade mich davon ausschließen können!

2 Aber er hat mich, als ich den Weg betrat, nicht zurückgehalten, und er ließ mich auch nicht in den Abgrund werfen. Und so wird er niemanden zurückweisen. Im Gegenteil, öffentlich und mit lauter Stimme ruft er uns! Weil er aber so gut ist, zwingt er uns nicht. Er gibt denen, die ihm folgen wollen, auf vielerlei Weise zu trinken, damit niemand ungetröstet bleibe oder gar vor Durst sterben müsse. Große und kleine Bäche fließen aus dem wasserreichen Quell. Einige sind nur ganz kleine Rinnsale, sie

26

sind für die Kinder da, denen wenig Wasser genügt (mehr würde sie nur erschrecken!). Mit den Kindern meine ich diejenigen, die noch am Anfang stehen. Habt also keine Angst, Schwestern, ihr werdet auf diesem Weg nicht an Durst sterben. Nie fehlt es derart am Wasser des Trostes, daß man es nicht mehr aushalten könnte.

Da dies wirklich so ist, hört auf meinen Rat: Bleibt unterwegs nicht stehen, sondern kämpft wie die Starken, kämpft sogar bis zum Tod! Zu nichts anderem, als um zu kämpfen, seid ihr ja hier. Geht euren Weg immer in der Entschlossenheit, lieber zu sterben als das Ziel aufzugeben, selbst wenn der Herr euch in diesem Leben manchmal Durst leiden läßt! Im ewigen Leben wird er euch Wasser in großer Fülle zu trinken geben, und ihr braucht nie mehr zu fürchten, daß es euch fehlt. Gott gebe nur, daß es an uns nicht mangelt! Amen.

3   Damit wir den Weg, von dem ich hier spreche, so beginnen, daß wir nicht gleich anfangs schon Fehler machen, wollen wir nun ein wenig darüber nachdenken, wie man die Reise antreten muß. Denn der Anfang ist das Wichtigste, das gilt für alles. Ich sage nicht, daß einer, der noch nicht so entschlossen ist, wie ich es hier darstellen werde, erst gar nicht anfangen soll. Der Herr wird ihm die dazu nötige Vollkommenheit geben. Selbst wenn er nur einen einzigen Schritt geht, so wird dieser eine Schritt so viel geistlichen Gewinn bringen, daß er nicht zu fürchten braucht, er sei vergeblich gewesen. Sagen wir es so: Es ist, wie wenn jemand eine Ablaßschnur besitzt; betet er sie einmal, so gewinnt er einen Ablaß, betet er sie öfter, gewinnt er den Ablaß öfter, rührt er sie aber nie an und

bewahrt sie in seinem Kästchen auf, so wäre es besser, er hätte sie erst gar nicht.

Selbst wenn also jemand den begonnenen Weg später wieder verläßt, würde er doch auf der kurzen Strecke, die er gegangen ist, so viel Licht gewinnen, daß er damit in seinem künftigen Leben besser vorankäme. Je weiter er den Weg gegangen war, um so mehr Licht wird er nun haben. Kurz und gut, er darf sicher sein, daß es ihm auf keinen Fall schaden wird, den Weg des Betens begonnen zu haben, auch wenn er ihn wieder verlassen sollte. Denn das wirkliche Gut kann nie etwas Schlechtes bewirken. Deshalb, Töchter, versucht allen, mit denen ihr sprecht, wenn sie euch irgendwie in Freundschaft zugetan und für eure Worte empfänglich sind, die Furcht zu nehmen, die sie davon abhält, etwas so Gutes zu beginnen! Überhaupt bitte ich euch, um der Liebe Gottes willen, bei all euren Gesprächen immer auf die geistliche Förderung derer bedacht zu sein, mit denen ihr euch unterhaltet. Auch all euer Beten soll ja dem inneren Wachstum der Menschen dienen. Da wäre es ein schlechtes Zeichen, Schwestern, wenn ihr Tag für Tag darum betet, aber dann nicht jede Gelegenheit dazu nutzt, das euch Mögliche beizutragen.

4 Ihr wollt doch, daß der Herr in euch gute Verwandte hat. Hier könnt ihr die Wahrhaftigkeit eurer Freundschaft unter Beweis stellen! Der Wunsch, dem Freund nützlich zu sein, macht wahre Freundschaft aus. Von diesem Bemühen könnt ihr euch nicht entbinden! – Wenn die Wahrheit erst einmal so in euren Herzen lebendig ist, wie es durch Gebet und Betrachtung sein müßte, werdet ihr

übrigens auch klarer erkennen, in welcher Form sich die Liebe zeigen muß, die ihr eurem Nächsten schuldig seid.

Schwestern, zu Kindereien, wie sie sich in den Freundschaften der Welt – so wertvoll diese auch sind – zeigen, ist keine Zeit mehr! Reden wie: »Magst du mich?«, »Magst du mich nicht?« sollen unter euch nicht vorkommen. Weder mit Verwandten noch mit sonst jemandem sollt ihr so umgehen. Etwas anderes wäre es freilich, wenn euer Gespräch das Ziel hat, den geistlichen Fortschritt des Betreffenden zu fördern. Um euren Verwandten, euren Bruder oder einen euch sonst nahestehenden Menschen dazu zu bewegen, daß er euch anhört und eine Wahrheit, die ihr ihm sagen wollt, annimmt, mag es schon recht sein, daß ihr euch der Sprache der Liebe bedient, die unserer Natur stets wohltut. Denn ein einziges gutes Wort bewirkt, wie man so sagt, mehr als viele fromme Reden über Gott, es macht oftmals erst dazu bereit, auf diese überhaupt zu hören. Wenn es euch also wirklich um den inneren Fortschritt des anderen geht, habe ich nichts gegen solche Worte. Andernfalls werden sie keinerlei Nutzen bringen, wohl aber euch schaden, ohne daß ihr es merkt. Es wissen doch alle, daß ihr Ordensleute seid und daß euer Tagwerk das Gebet ist. Also sagt nicht: »Ich will nicht, daß man mich für fromm hält!« Was man an euch erlebt, wird zum Nutzen oder zum Schaden für die ganze Gemeinschaft sein. Es wäre sehr schlimm, wenn Menschen wie wir, die wir geradezu eine Verpflichtung haben, nichts zu reden, es sei denn über Gott, uns in dieser Hinsicht zurückhalten würden – ausgenommen in solchen Fällen, wo das Schweigen um eben dieses hohen Gutes willen angebracht ist. Von dieser Art also müssen eure Gespräche sein, muß eure Sprache sein. Wer mit euch reden will, soll sie lernen, und tut er es nicht, so hütet euch, daß ihr seine Sprache lernt, das wäre der Untergang!

5 Hält man euch deshalb für ungebildet, oder sagt man euch gar Scheinheiligkeit nach, was liegt schon daran! Dann habt ihr zumindest soviel gewonnen, daß nur noch solche Menschen zu euch kommen, die eure Sprache verstehen. Wer nun einmal kein Kauderwelsch kann, braucht nicht Gefallen daran zu entwickeln, sich oft mit Menschen zu unterhalten, die nur diese und keine andere Sprache sprechen. Und seht, so werden euch die Menschen weder zur Last fallen noch schaden. Es wäre nämlich kein geringer Schaden, müßtet ihr noch anfangen, eine neue Sprache zu lernen. Was würde euch das an Zeit kosten! Ihr könnt freilich nicht so wissen wie ich, die ich darin meine Erfahrungen gemacht habe, welche große Last dies für die Seele bringt. Lernt man die eine Sprache, vergißt man die andere. Man lebt in beständiger Unruhe, die ihr doch um jeden Preis fliehen sollt. Denn um den Weg zu gehen, von dem wir hier zu sprechen begonnen haben, braucht die Seele vor allem Friede und Ruhe.

6 Wenn die, die euch besuchen, eure Sprache lernen wollen, so könnt ihr ihnen, auch wenn es nicht eure Aufgabe ist, sie zu unterweisen, von den Reichtümern erzählen, die man dadurch gewinnt. Ja, werdet darin nicht müde. Aber tut es betend, in Ehrfurcht und mit Liebe, damit ihr ihnen voranhelft und sie sich, wenn sie den großen Nutzen erkennen, der ihnen daraus erwächst, nach einem Meister umschauen, der sie diese Sprache lehrt. Es

wäre keine geringe Aufmerksamkeit, die der Herr euch erweist, wenn ihr auch nur irgendeinen Menschen empfänglich machen dürft für solch ein hohes Gut.

Wie viele Lichter gehen einem dann auch selber auf, wenn man anfängt, von diesem Weg zu sprechen, sogar einem Menschen wie mir, der ich ihn doch bisher so mangelhaft gegangen bin! Euch zuliebe, Schwestern, schenkt es der Herr, daß meine Worte besser sind als meine Taten. Amen.

3. (21.) Kapitel

1 Erschreckt nicht, Töchter, wenn zu Beginn unserer Reise, dieses königlichen Weges zum Himmel, so viele Dinge zu beachten sind. Ihr geht ja diesen Weg, um einen großen Schatz zu gewinnen, und im Verhältnis dazu ist das nicht viel, was uns so viel erscheint. Die Zeit kommt, da begreift ihr, daß das alles ein Nichts ist im Vergleich zu einem so großen Schatz.

2 Nun, kommen wir wieder zu denen zurück, die den Weg des Betens gehen und bis zum Ziel nicht mehr verlassen wollen, die also dahin gelangen möchten, vom Wasser des Lebens zu trinken. Auf die Frage, wie man diesen Weg beginnen soll, kann ich nur antworten: Es ist vor allem wichtig, ja es ist alles daran gelegen, mit ganz großer, entschiedener Entschlossenheit zu beginnen und dann nicht mehr stehenzubleiben, bis man das Ziel erreicht hat – und dies, was auch immer geschehen mag, was auch immer uns begegnet, selbst wenn die Mühe noch so groß wird oder wenn andere über uns reden, unabhängig auch

davon, ob wir das Ziel tatsächlich erreichen oder unterwegs fallen und den Mut verlieren, ja unabhängig davon, ob unterdessen die ganze Welt untergeht! Nicht selten sagt man uns ja: »Sich auf einen solchen innerlichen Weg zu begeben ist gefährlich ... Dieser oder jener ist damit in große Probleme geraten ... Einer hat sich in seiner Frömmigkeit verrannt ... Da hat einer so viel gebetet und ist doch gefallen ... Beten lenkt ab vom Tugendstreben ... Für Frauen ist das nichts, sie können leicht ihren Einbildungen verfallen ... Frauen gehören ans Spinnrad ... Solche hohen Dinge sind für Frauen nicht nötig ... Wenn sie das Vaterunser und das Ave Marie beten, genügt das für sie ...«

3 Genau das sage ich auch, Schwestern! Und ob das genügt! Es ist immer von höchstem Wert, wenn ihr Gebete, die aus einem Mund wie dem des Herrn kommen, zur Grundlage eures Betens nehmt. Diesbezüglich haben unsere Kritiker völlig recht. Denn wäre unsere Natur nicht so schwach und unsere Frömmigkeit nicht so lau, brauchten wir keine anderen Gebete als das Vaterunser und das Ave Maria, keine anderen Gebetsanleitungen, und keine Bücher über das Beten wären mehr nötig. Da ich hier aber, wie gesagt, zu Menschen spreche, die sich bei der Betrachtung der Glaubensgeheimnisse nicht sammeln können und denen das Meditieren als eine zu hohe Kunst erscheint, da andererseits manche einen so scharfen Verstand haben, daß ihnen nichts genügt, möchte ich nun auf der Grundlage dieser beiden Gebete einige Hinweise für den inneren Entwicklungsgang des Betens geben, ohne mich dabei allerdings mit zu hohen Dingen zu befassen.

Bücher, die man euch womöglich wegnehmen könnte, braucht ihr dann nicht mehr. Wenn ihr nur eifrig und demütig seid, habt ihr tatsächlich nichts anderes nötig.

4   Das Vaterunser hat mich schon immer sehr bewegt, und die Worte des Evangeliums haben mir mehr zur Sammlung verholfen als noch so gut verfaßte Bücher, die ich zumal dann nicht gern las, wenn es sich nicht um einen sehr bewährten Autor handelte. So will ich mich an den Meister der Weisheit halten, vielleicht wird er mich Gedanken lehren, die euch weiterhelfen. Ich habe nicht vor, eine Auslegung dieser göttlichen Gebete zu schreiben. Das würde ich nicht wagen, zumal es ja schon viele Erklärungen gibt, und selbst wenn es keine einzige gäbe, so wäre es töricht, wollte ausgerechnet ich es tun. Ich möchte nur so etwas wie eine kleine Betrachtung über die Worte des Vaterunsers anstellen. Manchmal verliert man ja auch durch viele Bücher nur die Andacht gerade dort, wo wir sie nötig hätten. Unterweist ein Meister selbst den Schüler, das ist ganz klar, faßt er Zuneigung zu ihm und ist glücklich, wenn ihm das, was er ihn lehrt, gefällt; so ist er um so mehr behilflich, alles zu erlernen. Und genauso verfährt der himmlische Meister auch mit uns.

5   Achtet nicht auf die Schwierigkeiten und die Gefahren, die man euch vormalt! Das wäre ja noch schöner, wollte ich glauben, daß mir auf dem Weg zu einem so großen Schatz, ständig umlagert von Straßenräubern, keine Gefahren begegnen könnten! Die Welt weiß es schon einzurichten, daß ihr diesen Schatz nicht in Frieden heben werdet, sie, die wegen eines einzigen Maravedi nächtelang nicht schläft und Leib und Seele um ihre Ruhe bringt.

Wenn ihr den Schatz gewinnt, oder besser gesagt an euch reißen wollt – denn der Herr sagt ja, die Gewalttätigen reißen ihn an sich –, dann begebt ihr euch auf einen königlichen, sicheren Weg. Auch unser König und alle seine Auserwählten und Heiligen sind ihn gegangen. Wenn man euch schon für diesen Weg so viele Gefahren vor Augen halten kann und so viele Schwierigkeiten auf euch zukommen sieht, welchen Gefahren setzen sich dann erst diejenigen aus, die dem gleichen hohen Gut auf unbekannten Wegen entgegengehen?

6 Meine Töchter, solche Menschen sind doch unvergleichlich mehr Gefahren ausgesetzt als ihr! Sie erkennen sie nur nicht – oder erst dann, wenn die Gefahr direkt vor ihren Augen steht, wenn niemand da ist, der ihnen die Hand entgegenstreckt, wenn sie vom Weg zur Quelle abgekommen sind, wenn sie keinen einzigen Tropfen zu trinken bekommen, weder aus einem Rinnsal noch aus einem Bach.
Seht: Wie soll man ohne jeden Tropfen dieses Wassers einen Weg gehen können, auf dem man gegen so viele Hindernisse zu kämpfen hat? Es ist doch klar, daß man da bei der nächstbesten Gelegenheit vor Durst umkommt. Denn, meine Töchter, ob wir es wollen oder nicht: Alle sind wir noch unterwegs zu dieser Quelle, wenn auch auf je verschiedene Weise. So vertraut mir also, und laßt euch von niemandem verunsichern, der euch auf einen anderen Weg als den des Betens verweisen möchte.

7 Ich spreche hier nicht darüber, inwieweit die Frage, ob man innerlich oder mündlich beten soll, für alle Geltung

hat. Was euch betrifft, so meine ich, daß ihr das eine wie das andere tun müßt. Beides ist Pflicht der Ordensleute. Wer euch sagt, das innere Beten sei gefährlich, den haltet für die Gefahr selbst und meidet den Umgang mit ihm! Vergeßt diesen Rat nicht, vielleicht werdet ihr ihn einmal brauchen. Gefährlich ist es vielmehr, wenn man keine Demut hat und auch sonst tugendlos lebt. Niemals läßt Gott es zu, daß der Weg des Betens uns in Gefahr bringt! Der Teufel scheint es erfunden zu haben, solche Ängste zu wecken. Offensichtlich hat er schon so manchen, der eine Gebetsberufung hatte, mit dieser List zu Fall gebracht.

8   Da kann man nur staunen, wie blind die Welt ist! Daß viele Tausende von Menschen, die ohne Gebet, ohne geistliche Tiefe leben, Irrlehren und großen Übeln verfallen sind, das sieht sie nicht. Wenn aber der Teufel, um sein Geschäft besser betreiben zu können, tatsächlich einige, die im Gebet leben, zu Fall bringt, ist man sehr schnell bei der Hand, den Menschen damit Angst zu machen. Wer also meint, es sei aus solchen Gründen besser, lieber nicht zu beten, der sei auf der Hut! Er meidet das Gute, um sich vor dem Bösen zu bewahren! Ein so übler Gedanke ist mir ja noch nie gekommen, der kann nur vom Teufel sein! O mein Herr, tu etwas für dich! Sieh doch, wie verkehrt man deine Worte versteht! Laß doch Schwachheiten dieser Art wenigstens bei deinen Dienern nicht zu!

9   Es ist so kostbar, daß es dennoch immer wieder Menschen gibt, die euch weiterhelfen können. Der echte Diener Gottes, dem seine Majestät Einsicht in den wahren Weg gegeben hat und der angesichts solcher Einschüch-

terungen nur noch stärker von dem Wunsch erfaßt wird, nicht stehenzubleiben, der hat die Gaben dafür. Deutlich kann er erkennen, worauf der Schlag des Teufels abzielt, er weicht ihm aus und zerschmettert ihm das Haupt. Ein solcher Mißerfolg geht dem Teufel dann näher als die vielen Befriedigungen, die man ihm bereitet. In Zeiten der Verwirrung, wenn das Unkraut aufgeht, das er gesät hat, und er es erreicht, daß Menschen unter dem Schein des Eifers für eine gute Sache wie blind hinter ihm herlaufen, erweckt Gott manchmal nur einen einzigen Menschen, der ihnen die Augen öffnen kann und sie auf den Nebel aufmerksam macht, der sie daran hinderte, den richtigen Weg zu sehen. O Gott, wie herrlich, ein einziger Mensch oder zwei, die die Wahrheit sagen, können mehr bewirken als viele andere zusammen! Durch sie entdecken die Blinden nach und nach wieder den Weg, und Gott gibt ihnen daran Freude und macht ihnen Mut. Ist man zum Beispiel der Meinung, Beten bringe Gefahren mit sich, so kann ein solcher Mensch zeigen – wenn nicht durch Worte, so durch sein Beispiel –, wieviel Gutes das Beten bewirkt. Oder sagt man, es sei nicht gut, oft zu kommunizieren, so tut er es einfach und um so häufiger. Wenn auch nur einer oder zwei furchtlos den Weg des Besseren gehen, gewinnt der Herr Stück um Stück von dem wieder, was verlorengegangen war.

10 Also, Schwestern, macht euch frei von solchen Beängstigungen! In geistlichen Dingen dürft ihr nicht auf das hören, was die Leute sagen! Seht, die Zeiten sind nicht so, daß ihr allen glauben könnt. Hört nur auf die, bei denen ihr seht, daß sie sich wirklich am Leben Christi ausrichten.

Sorgt euch um ein reines Gewissen, um Demut, um ein unversklavtes, gelöstes Verhältnis zu den Dingen der Welt, und glaubt fest an das, was die heilige Mutter Kirche lehrt, dann seid ihr mit Sicherheit auf einem guten Weg. Werft, wie gesagt, alle Furcht ab, wo es nichts zu fürchten gibt! Und will euch jemand Angst machen, so erklärt ihm in aller Demut, worin euer Weg besteht. Sagt ihm, daß ihr eine Ordensregel habt, die euch dazu anhält, ohne Unterlaß zu beten – genauso ist es ja! –, und daß ihr euch an diese Regel zu halten habt. Wendet er daraufhin ein, damit sei nur das mündliche Gebet gemeint, so fragt ihn doch einfach zurück, ob denn nicht Verstand und Herz ganz bei dem sein müßten, was man mit dem Mund betet. Bejaht er dies – anders zu antworten, ist ja gar nicht möglich! –, so gibt er damit zu, daß ihr zwangsläufig das innere Gebet, ja das kontemplative Leben überhaupt pflegen müßt, wenn Gott es euch schenkt.

4. (22.) Kapitel

1 Ihr müßt wissen, Töchter, daß Beten noch nicht allein dadurch »inneres Beten« ist, daß man den Mund geschlossen hält. Wenn ich beim Sprechen innerlich ganz dabei bin, wenn ich die Worte, die ich sage, zu verstehen versuche, wenn ich daran denke, daß ich mit Gott rede und das mehr mit innerer Zuwendung als mit den Worten tue, dann ist dies inneres Beten, bzw. dann bete ich ein mündliches Gebet innerlich. Es ist nicht ausgeschlossen, daß man euch sagt, es sei auch schon Gespräch mit Gott, wenn man das Vaterunser rezitiert und dabei eben an alles mögliche denken muß. Dazu kann ich nur schweigen. Ihr müßt doch

mit einem so großen Herrn so sprechen, wie es sich vernünftigerweise gehört. Deshalb kann es doch nur gut sein, wenn ihr euch darauf besinnt, mit wem ihr sprecht und auch wer ihr seid. Das ist doch wohl das wenigste an Anstand und Umgangsform für ein Gespräch mit Gott! Es wäre ja gerade so, wie wenn ihr den König mit »Eure Hoheit« anredet und auch alle im Umgang mit den Großen der Welt üblichen Zeremonien beachtet, aber innerlich gar nicht erfaßt, mit wem ihr da sprecht!

Richtig ist natürlich, daß ihr euch in den äußeren Umgangsformen dem Stande des Gesprächspartners wie auch den allgemeinen Gebräuchen entsprechend verhalten müßt. Sonst hält man euch für unerzogen, und ihr könnt gar nichts ausrichten. – Ach, mein Herr, mein Gebieter! Wie ist das alles für dich zu ertragen? König bist du doch, mein Gott, König ohne Ende, und es ist kein Lehenreich, über das du regierst. Wenn wir im Credo sprechen: »Seiner Herrschaft wird kein Ende sein«, empfinde ich fast immer eine ganz besondere Freude dabei. Ich lobe dich, Herr, und ich preise dich in Ewigkeit. Denn dein Reich wird ja dauern in Ewigkeit. Darum laß doch, Herr, niemals zu, daß man meint, es genüge, nur mit dem Mund zu reden, wenn man mit dir spricht!

2 Was soll das nur, ihr Christen, wenn ihr sagt, inneres Gebet sei nicht nötig? Wo habt ihr denn euren Verstand? Ich bin sicher, ihr habt wirklich nicht begriffen, worum es geht! Und dann wollt ihr noch, daß wir alle solch einen Unsinn reden? Ihr wißt weder, was inneres Beten ist, noch wie man das mündliche Gebet zu vollziehen hat, noch was kontemplatives Leben ist. Denn wenn ihr es wüßtet,

würdet ihr nicht auf der einen Seite schlechtmachen, was
ihr auf der anderen Seite lobt.

3 Ich möchte, soweit ich es nicht vergesse, das innere
Beten immer zusammen mit dem mündlichen Beten betrachten, damit man euch nicht erst Angst machen kann,
Töchter. Denn ich weiß, wohin das führt, ich habe in
dieser Hinsicht so manches Leid durchgemacht. Darum
will ich nicht, daß irgend jemand euch in Unruhe bringt.
Denn es verursacht nur Schaden, wenn man den Weg des
Betens mit Angst gehen muß. Es ist ungeheuer wichtig zu
wissen, daß man auf dem guten Weg ist. Wenn man einem
Wanderer sagt, er gehe falsch und er habe den Weg verfehlt, treibt man ihn hin und her, und durch all das Suchen,
wohin er denn nun gehen soll, ermüdet er, verliert Zeit
und erreicht sehr spät sein Ziel.
Wer kann sagen, es sei schlecht, wenn wir das Stunden-
gebet oder den Rosenkranz damit beginnen, daß wir
zunächst daran denken, mit wem wir da sprechen wollen
und wer wir selber sind, die wir mit ihm reden – und
das doch einfach nur, um uns bewußt zu machen, wie
man sich in solchen Begegnungen zu verhalten hat? Ich
jedenfalls, Schwestern, kann euch nur sagen: Wenn ihr
darüber nachdenkt, dann habt ihr ja schon einige Zeit im
inneren Beten zugebracht, wenn ihr anfangt, euer mündliches Gebet zu verrichten. – Wir gehen ja doch auch
zu einem Gespräch mit einem Fürsten nicht so unvorberei-
tet, wie wenn wir mit einem Bauern sprechen wollten
oder mit irgend so einem Armen, wie wir es sind, mit
denen man freilich redet, ohne sich darauf vorbereitet zu
haben.

4   Natürlich hört mich der ewige König in seiner Demut auch an, wenn ich in meiner Plumpheit nicht recht mit ihm umzugehen weiß. Er verwehrt es mir nicht, daß ich mich ihm nahe, er schickt nicht seine Leibgarde aus, daß sie mich wegjagt. Im Gegenteil: Die Engel, die ihn umgeben, kennen die Gesinnung ihres Königs gut, sie wissen, daß ihm die Plumpheiten eines demütigen kleinen Hirten, von dem er weiß, daß er gern mehr sagen würde, wenn er könnte, lieber sind als die eleganten Vernünfteleien selbst der größten Gelehrten, wenn es ihnen dabei an Demut fehlt. Aber gerade deshalb, weil er so gut ist, dürfen wir nicht unaufmerksam und unhöflich sein!

Wenigstens aus Dankbarkeit dafür, daß er die üble Atmosphäre unserer Gegenwart erträgt, wenn er einen Menschen wie mich in seine Nähe kommen läßt, sollten wir uns darum bemühen, seine Reinheit zu betrachten und zu erkennen, wer er ist. Und natürlich erkennt man ihn erst, indem man sich ihm naht. Da ist es nicht so, wie mit den Herren hierzulande: Sagt man uns von einem, wer sein Vater war, welche Einkünfte er hat und welche Titel, so brauchen wir nichts weiter zu wissen; denn die Welt ehrt einen Menschen nicht wegen seines Charakters, sondern wegen dem, was er besitzt und was er darstellt.

5   O erbarmungswerte Welt! Preist Gott von Herzen, Töchter, daß ihr dieses abscheuliche Geschäft hinter euch gelassen habt, wo nicht zählt, was einer in sich trägt, sondern nur, was seine Pächter und Vasallen an Besitztum verwalten – ohne die er ohnehin nichts gilt. Dieses so lachhafte Geschäft soll euch zur Unterhaltung dienen, wenn ihr zur gemeinsamen Erholung zusammen seid, da habt ihr

dann einen guten Zeitvertreib! In welcher Blindheit vertun doch die Menschen der Welt ihr Leben!

6 Du, unser Gebieter, höchste Kraft, vollkommenste Güte, du, die Weisheit selbst, ohne Anfang, ohne Ende! Unendlich sind deine Werke, man kann sie nicht fassen, ein bodenloser Ozean von Wundern! Du Schönheit, die alle Schönheiten in sich schließt, du, die Stärke selber! O mein Gott, besäße doch einer alle Redekunst der Sterblichen und dazu die Weisheit, um richtig zu wissen ... – freilich, man kann hier auf Erden nur wissen, daß alles Wissen in dieser Hinsicht nichts ist! Hätte doch einer die Gabe, nur einiges von den vielen Dingen zu verstehen, die wir betrachten können, damit wir wenigstens einigermaßen begreifen würden, wer dieser Herr ist, dieses unser höchstes Gut.

7 Wenn ihr vor ihn hintretet, dann denkt also darüber nach und versucht zu verstehen, wer der ist, mit dem ihr nun sprechen wollt. Und während ihr vor ihm steht, bleibt euch bewußt, mit wem ihr sprecht. Hätten wir tausend Leben, wir würden immer noch nicht genügend begreifen, wie dieser Herr behandelt zu werden verdient, er, vor dem die Engel zittern. All das, was er regiert, all das, was er vermag ...! Und sein Wollen ist immer schon Vollbringen ...! Es ist nur vernünftig, Töchter, daß wir uns an der Herrlichkeit und Größe unseres Bräutigams zu erfreuen suchen und daß wir begreifen, wem wir angetraut sind und was für ein Leben wir zu führen haben. O mein Gott, wenn einer hierzulande sich verheiratet, so weiß er doch vorher, wen er heiratet, wie er ist und was er hat.

Wenn man denen, die mit einem Menschen verlobt sind, solche Gedanken nicht verbietet, wie sollten dann wir, die wir ebenfalls verlobt sind und vor einer Hochzeit stehen, bei der der himmlische Bräutigam selbst uns in sein Haus führen wird, uns nicht darum bemühen dürfen, in ähnlicher Weise zu fragen: Wer ist dieser Mensch? Wer ist sein Vater? Was ist das für ein Land, in das er mich führt? Was sind das für Güter, die er mir zu geben verspricht? Wie ist sein Charakter? Wie kann ich ihn am besten glücklich machen? Woran hat er Freude? Wie sollte ich nicht herausfinden dürfen, auf welche Weise ich meinen Charakter dem seinen angleichen kann?! Wenn eine Frau eine gute Ehe führen will, empfiehlt man ihr doch nichts so sehr wie gerade dies, selbst wenn ihr Ehemann aus ganz niedrigem Stande ist.

8 Dir, mein Bräutigam, dir soll man in all dem weniger Beachtung schenken als einem Menschen? Wenn man selber dafür schon kein Verständnis aufbringt, so soll man dir doch wenigstens deine Bräute lassen, die mit dir leben wollen! Es ist die Wahrheit, Töchter, daß das gut ist, was ihr lebt! Wenn zum Beispiel ein Bräutigam so von Liebe zu seiner Braut entbrannt ist, daß er nicht will, daß sie mit jemandem anderen Umgang hat, dann wäre es eine schöne Liebe, wenn sie sich nicht bemühte, darauf Rücksicht zu nehmen! Seine Liebe ist doch Grund genug, das zu ertragen und die Beziehung zu einem anderen nicht mehr zu wollen. In ihrem Bräutigam hat sie ja alles, was sie sich wünschen kann.

Diese Wahrheiten zu verstehen, das ist inneres Beten, meine Töchter. Wenn ihr euch solche Gedanken macht und dabei mündliche Gebete sprecht, so ist das ganz in Ordnung. Aber denkt mir nicht an andere Dinge, während ihr mit Gott redet! Das wäre ein Zeichen dafür, daß ihr doch noch nicht verstanden habt, worin das innere Beten besteht. Ich glaube, ich habe euch genug gesagt, damit ihr es verstehen könnt. Gebe der Herr, daß ihr es auch in die Tat umsetzt. Amen.

5. (23.) Kapitel

1 Sehr viel ist daran gelegen, daß man den Weg des Betens mit großer Entschlossenheit beginnt. Das hat so viele Gründe, daß es zu weit führen würde, wollte ich sie alle aufzählen. Nur zwei oder drei will ich euch hier nennen, Schwestern.

Ein erster Grund ist folgender: Es wäre geradezu ungehörig, wenn wir uns entschließen wollten, dem, der uns so vieles gegeben hat und uns ständig neu beschenkt, auch unsererseits etwas zu schenken – nämlich dieses kleine Aufmerksamsein für ihn, was ohnehin schon unserer Seele selber sehr gut tut – und es ihm dann nicht mit ganzer Entschlossenheit geben würden, sondern nur so, wie man etwas ausleiht, um es sich wieder zurückgeben zu lassen. Ich jedenfalls könnte solch ein »Geschenk« nicht als mir geschenkt ansehen. Man empfindet doch Verdruß, wenn einem etwas wieder weggenommen wird, was man erhalten hat, vor allem, wenn man es nötig braucht und bereits als sein Eigentum betrachten durfte. Und wie wird es erst jemand empfinden, der ein echter Freund ist und der schon oft und ohne jeden Eigennutz viele Geschenke gemacht hat! Mit Recht müßte er es als Engherzigkeit und als ein Armutszeugnis in der Liebe ansehen, wenn man ihm nicht einmal eine Kleinigkeit, wenigstens als Zeichen der Liebe, zu seiner Verfügung überläßt.

2　Gibt es denn eine Braut, die ihrem Bräutigam, von dem sie viel wertvollen Schmuck bekommen hat, nicht wenigstens einen Ring schenken würde? Nicht wegen seines Wertes – es gehört ja ohnehin alles ihm –, sondern um ihm ein Zeichen zu schenken, mit dem sie ihm sagen kann, daß sie ihm bis zum Tod gehören will ... Ist denn der Herr weniger wert, daß wir uns über ihn lustig machen könnten, indem wir das Nichts, das wir ihm schenken, einmal geben und einmal wieder nehmen? Zum Beispiel dieses bißchen Zeit, das wir ihm geschenkt haben? – ein klein wenig doch nur von der vielen Zeit, die wir für uns selbst und für andere vergeuden, die uns keinen Dank dafür sagen! Wenn wir ihm schon nicht mehr als einen kurzen Moment schenken wollen, tun wir es wenigstens mit aufrichtigen Gedanken und ohne mit anderen Dingen beschäftigt zu sein und vor allem mit der festen Entschlossenheit, ihm diese kurze Zeit nicht mehr wegzunehmen, trotz aller Mühen, die uns das vielleicht kostet, und trotz aller Widerwärtigkeiten und Trockenheiten. Denn diese Zeit dürfen wir nicht mehr als etwas betrachten, das uns gehört. Ja, wir müssen uns klarmachen, daß er sie sogar von Rechts wegen einfordern kann, wenn wir sie ihm nicht grundsätzlich überlassen wollen.

3　Ich sage »grundsätzlich«, denn ich spreche hier nicht von dem Fall, daß man die ihm schon grundsätzlich geschenkte Zeit wegen berechtigter Beschäftigungen oder wegen Unwohlseins an einem oder auch an mehreren Tagen nicht einhalten kann. So empfindlich ist Gott nicht, er schaut nicht auf Lapalien. Entscheidend ist, daß der gute Wille da ist, schon dafür wird er sich erkenntlich zeigen. Das ist durchaus auch ein gewisser Trost für denjenigen, der nicht so freigebig ist, sondern eher so knauserig, für den es schon viel bedeutet, wenn er etwas ausleiht. Letztlich nimmt unser Herr alles, was einer tut, als Zahlung an, er stellt sich in allem darauf ein, wie wir es können. Wenn er mit uns abrechnet, ist er nicht kleinlich, sondern sehr großherzig. So groß unsere Schulden auch sein mögen, für ihn ist es ein kleines, sie uns zu verzeihen. Er ist so besorgt, uns zu belohnen, daß ihr keine Angst haben müßt, er könnte auch nur einen Augenblick, den ihr ihm zuwendet, unbelohnt lassen.

4 Ein weiterer Grund für die Notwendigkeit, den Weg des Betens mit fester Entschlossenheit zu beginnen, ist die Tatsache, daß wir dem Teufel auf diese Weise weniger Möglichkeit geben, uns zu versuchen. Er hat eine große Angst vor Menschen, die entschieden sind. Denn er hat bereits Erfahrung darin, daß solche ihm nur Schaden bringen und daß all das, wodurch er sie vernichten wollte, letztendlich ihnen selber und auch anderen zum geistlichen Fortschritt hilft. Er aber muß dann mit einer Niederlage abziehen . . . Und doch dürfen wir deshalb nicht leichtsinnig werden, nicht auf diese seine Begrenztheit Vertrauen setzen. Denn wir haben es mit einem tückischen Gegner zu tun. Die Wachsamen wagt er nicht so anzugreifen, weil er sehr feige ist. Sobald aber einer etwas leichtsinniger wird, versucht er ihm großen Schaden zu-

zufügen. Merkt er, daß einer unentschieden und im Guten nicht beständig ist und nicht fest entschlossen, durchzuhalten, dann läßt er ihm keine Ruhe bei Tag und bei Nacht. Er flößt ihm Angst ein und stellt ihm Schwierigkeiten vor Augen, die unüberwindbar zu sein scheinen. Ich weiß das nur zu gut aus eigener Erfahrung, darum bin ich auch in der Lage, davon zu reden. Ich glaube, es kann sich kaum einer annähernd vorstellen, wie schlimm das ist.

5   Der dritte Grund, der sehr wichtig ist, ist der, daß man mit größerem Mut den Kampf aufnimmt. Man weiß, daß man nicht umkehren kann, komme, was da wolle. Es ist wie bei einem Soldaten in der Schlacht; er weiß, daß ihm, falls er sich besiegen läßt, das Leben nicht geschenkt wird und daß er, wenn nicht in dieser Schlacht, so doch später sterben wird. So kämpft er mit um so größerer Entschlossenheit und sucht – wie man zu sagen pflegt – sein Leben so teuer wie möglich zu verkaufen. Die Säbelhiebe fürchtet er nicht sehr, denn die Bedeutung des Sieges steht ihm vor Augen, und er weiß, daß davon sein Leben abhängt. – Im übrigen ist es notwendig, in der Gewißheit zu beginnen, daß wir, wenn wir uns nicht davon abbringen lassen, ans Ziel kommen werden. Und wir werden es ohne jeden Zweifel! Denkt doch nicht in eurer Ängstlichkeit, daß der Herr, der uns einlädt, aus der Quelle zu trinken, euch an Durst sterben läßt! Das habe ich euch schon einmal gesagt, und ich will es gern noch viele Male sagen, denn viele Menschen verlieren den Mut, wenn sie die Güte des Herrn noch nicht aus Erfahrung, sondern nur durch den Glauben kennen. Es ist etwas Großes, mit seiner Freundschaft und Aufmerksamkeit Erfahrungen gemacht zu haben, die er

denen erweist, die diesen Weg gehen, und wie er fast alle Kosten selber übernimmt.

6 Bei einem Menschen, der diese Erfahrung noch nicht gemacht hat, wundert es mich gar nicht, wenn er eine Garantie haben möchte, daß die Sache sich für ihn lohnt. Ihr aber, ihr wißt doch, daß uns der Herr hundert zu eins zurückgibt, und zwar schon in diesem Leben, und daß er sagt: »Bittet, dann wird euch gegeben.«[13] Wenn ihr Seiner Majestät nicht glaubt, der uns diese Zusicherung an mehreren Stellen des Evangeliums gibt,[14] so hat es wenig Zweck, Schwestern, daß ich mir hier den Mund zerrede, um euch das alles zu erklären. Für jene, die irgendwelche Zweifel haben, möchte ich nur noch sagen: Probieren kostet nichts. Dieser Weg hat das Gute an sich, daß einem mehr gegeben wird, als man erbittet und als man sich überhaupt wünschen kann. Das ist so, ohne jeden Zweifel. Ich weiß es. Diejenigen unter euch, die das alles aus eigener Erfahrung kennen, kann ich als Zeugen anführen.

6. (24.) Kapitel

1 Wenden wir uns nun wieder denen zu, die sich nicht sammeln können, die weder beim inneren Gebet ihre Gedanken unterbinden noch Betrachtung halten können. Worte wie »Betrachtung«, »inneres Beten« oder »Kontemplation« möchte ich am liebsten umgehen, denn es gibt

---

[13] Lk 11,9.
[14] Vgl. auch Mt 7,7–11; Mk 11,24; Joh 14,13f u. a.

tatsächlich viele Menschen, die schon zurückschrecken, wenn sie solche Namen nur hören.

2 Vielleicht kommt auch so jemand in dieses Haus, denn, wie schon gesagt, nicht alle gehen den gleichen Weg. Daher möchte ich euch nur ein paar Ratschläge geben (ich könnte auch sagen: euch unterweisen, denn als Mutter, im Hinblick auf das Priorinnenamt, das ich innehabe, steht mir dies zu), wie ihr das mündliche Gebet verrichten sollt. Denn es ist ja nur recht und billig, daß ihr auch versteht, was ihr sprecht. Da es sein kann, daß diejenigen, die nicht gesammelt an Gott denken können, durch lange Gebete ebenso ermüden, möchte ich nicht auf alle möglichen Arten des mündlichen Betens eingehen, sondern nur über die beiden Gebete sprechen, zu denen der Christ verpflichtet ist, nämlich über das Vaterunser und das Ave Maria. Man soll uns gerade in bezug auf diese beiden Gebete nicht sagen können, wir würden selber nicht verstehen, was wir beten. Sonst können wir uns gleich an die verbreitete Meinung halten: »Das Rezitieren der Gebetstexte genügt.« Ob das genügt oder nicht – in diese Diskussion möchte ich mich nicht einmischen, dazu sollen sich die Gelehrten äußern. Was jedenfalls uns angeht, Töchter, so will ich, daß wir uns damit allein nicht begnügen! Wenn ich bete: »Ich glaube . . .«, dann ist es meiner Meinung nach notwendig, daß ich es mit Verstand sage und daß ich weiß, an was ich glaube; und wenn ich bete: »Vater unser . . .«, so erfordert es schon die Liebe, daß ich mich darauf besinne, wer dieser unser Vater ist, und ebenso, daß ich daran denke, wer der Meister ist, der uns dieses Gebet lehrte.

3   Wenn ihr meint, das wüßtet ihr doch und ihr müßtet euch nicht eigens daran erinnern, so denkt ihr nicht richtig. Von einem Lehrer zum anderen gibt es große Unterschiede, und doch ist es sehr undankbar, wenn wir die vergessen, die uns hier unterwiesen haben, vor allem dann, wenn es sich um heilige Menschen oder um unsere Seelenführer handelt. Sind wir gute Schüler, dann ist es unmöglich, sie zu vergessen! – Gott möge es verhüten, daß wir einen solchen Meister vergessen, der uns das Vater-unser gelehrt hat, und zwar mit so viel Liebe und so großem Bemühen, uns voranzubringen. Wir sollen oft an ihn denken, wenn wir das Vaterunser sprechen, auch wenn uns das aufgrund unserer Schwachheit nicht immer gelingt.

4   Bleiben wir also bei der Frage nach dem echten Voll-zug des mündlichen Gebets. Ihr wißt ja bereits, daß seine Majestät uns lehrt, es in der Einsamkeit zu verrichten. Das tat auch er immer, wenn er betete, und zwar nicht, weil er dies nötig hatte, sondern um uns zu unterweisen. Ich sagte euch schon: Es geht nicht, daß man gleichzeitig mit Gott und mit der Welt redet. Nichts anderes tun wir aber, wenn wir Gebete sprechen und dabei nur darauf horchen, was um uns herum vor sich geht, oder unsere Gedanken an Sachen hängen, die uns gerade in den Sinn kommen. Ich nehme hier selbstverständlich solche Zeiten aus, wo man aufgrund einer schlechten Gemütsverfassung – vor allem, wenn man depressiv veranlagt ist – oder wegen Kopf-schmerzen und Konzentrationsschwäche einfach zu nichts fähig ist. Auch können einmal Tage kommen, an denen Gott schwere Versuchungen zum größeren Wohl seiner

Diener zuläßt. Wenn sie auch in solcher Verwirrung ehrlich darum bemüht sind, innerlich zur Ruhe zu kommen, so können sie mit den Gedanken dennoch nicht bei dem bleiben, was sie aussprechen. Auch der Verstand kann sich dann auf nichts konzentrieren, zügellos, wie von Sinnen, irrt er umher.

5 An dem Schmerz, den einer darüber empfindet, kann man erkennen, daß er an seinem Zustand keine Schuld trägt. Um nicht noch alles schlimmer zu machen, als es für ihn schon ist, soll er sich mit seinem Verstand, der ihm zur Zeit eben schlecht gehorcht, nicht herumplagen. Seine Gebete soll er sprechen, so gut er kann. Oder er unterlasse sie einstweilen ganz und sorge sich darum, seiner Seele, wie einem Kranken, Linderung zu verschaffen. Indessen mag er auf andere Weise ein gutes Werk tun.

Das soeben Gesagte gilt natürlich für diejenigen, die wachsam genug gegenüber sich selbst geworden sind und die bereits verstanden haben, daß man nicht mit Gott und zugleich mit der Welt sprechen kann. Was wir auf jeden Fall tun können, ist, die Einsamkeit aufzusuchen – gebe Gott, daß ich mich hier richtig ausdrücke! –, um den kennenzulernen, mit dem wir zusammen sind, und das wahrzunehmen, was der Herr auf unsere Bitten antwortet. Meint ihr, er schweigt? Hören wir ihn auch nicht, so spricht er doch in unser Inneres hinein, wenn wir ihn von Herzen darum bitten. – Gut ist es auch, sich vor Augen zu halten, daß jede einzelne das Vaterunser von ihm lernt, daß er selber jede Schwester darin unterweist. Der Meister ist ja niemals so weit von seinem Schüler entfernt, daß er eine laute Stimme nötig hätte, er ist ihm ganz nahe. Ich wünschte, daß ihr das begreift: Um das Vaterunser gut zu beten, darf man sich nicht von der Seite des Meisters entfernen, der es uns lehrt.

6   Ihr werdet sagen: Das ist ja bereits wieder Betrachtung – was wir weder können noch wollen, uns genügt das mündliche Beten! Nun, es gibt auch Menschen, die jede Mühe scheuen und eher Freunde der Bequemlichkeit sind. Sie haben freilich keine Übung darin, ihre Gedanken zu sammeln, wie es am Beginn des Betens nötig wäre. Um sich auch nicht nur ein klein wenig anstrengen zu müssen, sagen sie, sie könnten und verstünden nichts anderes, als mündliche Gebete zu sprechen! Ihr habt recht, wenn ihr sagt, dieses mündliche Gebet sei bereits inneres Beten. Aber ich frage euch, wie man denn das eine vom anderen trennen will, vorausgesetzt, daß das mündliche Gebet gut verrichtet werden soll und wir uns dabei bewußt halten wollen, mit wem wir sprechen. Ohnehin ist es doch unsere Pflicht, uns um ein andächtiges Gebet zu bemühen, und gebe Gott, daß wir aufgrund dieser Anregungen das Vaterunser wenigstens gut rezitieren und uns nicht in ungehörige Verhaltensweisen hineinbegeben! Ich habe selber schon Verschiedenes erprobt, doch das beste Mittel, das ich gefunden habe, ist, den Geist dem zuzuwenden, an den ich meine Worte richte. Deshalb habt Geduld und versucht, euch etwas von dieser notwendigen Haltung zur Gewohnheit zu machen.

1 Damit ihr nicht denkt, es bringe sowieso nicht viel Gewinn, wenn man auf vollkommene Weise seine Gebete
verrichtet, so sage ich euch: Es ist sehr gut möglich,
daß euch der Herr während eines Vaterunsers zur vollkommenen Kontemplation erhebt (oder auch während ihr
ein beliebiges anderes Gebet sprecht). Auf diese Weise
zeigt Seine Majestät, daß er tatsächlich auf den hört, der zu
ihm spricht, und in seiner Größe antwortet er ihm, indem
er den Verstand zur Ruhe bringt, die Gedanken ver-
stummen läßt und ihm – wie man so sagt – das Wort aus
dem Munde nimmt, so daß er gar nicht mehr reden kann,
selbst wenn er es wollte, oder nur noch mit großer Anstrengung.

2 Man versteht dann, daß dieser göttliche Meister Unterweisung geben kann, ohne das Geräusch der Worte gebrauchen zu müssen. Er spricht, indem er unsere Seelenkräfte zur Ruhe kommen läßt – denn ihr Tätigsein würde
hier mehr Schaden als Nutzen bringen. Sie empfinden
dann, ohne zu verstehen, wie sie dazu gekommen sind. Die
Seele ist von einer Liebe erfüllt, ohne zu verstehen, wie sie
liebt. Sie weiß, daß sie sich an dem erfreut, was sie liebt,
aber sie weiß nicht, wie es geschieht. Sie sieht jedoch klar,
daß diese Freude nicht im Bereich dessen liegt, was der
Verstand erdenken und anstreben kann. Der Wille ist
davon umfangen, ohne zu verstehen, wie ihm geschieht.
Aber sobald die Seele etwas begreifen kann, sieht sie, daß
diese Erfahrungen kein Verdienst sind und daß man sie
sich auf Erden mit allen nur möglichen Anstrengungen

nicht erwerben kann. Sie sind vielmehr ein Geschenk des Herrn über Himmel und Erde, der letztendlich dementsprechend gibt, wie er ist; Töchter, das ist vollkommene Kontemplation.

3 Jetzt könnt ihr euch auch gut klarmachen, worin der Unterschied zwischen der Kontemplation und dem inneren Beten besteht. *Inneres Beten* heißt, das sagte ich euch schon, darüber nachdenken und sich bewußtmachen, was wir beten, mit wem wir sprechen und wer wir sind, die wir es wagen, uns einem so großen Herrn zu nähern. Sich ganz bewußt solche und ähnliche Gedanken machen, zum Beispiel auch darüber, daß wir so wenig verfügbar für ihn sind, aber ihm zu dienen doch eigentlich verpflichtet wären – das ist inneres Beten. Stellt euch darunter nicht so etwas wie eine schwere Fremdsprache vor, und laßt euch von dem Namen nicht erschrecken!
Ein Vaterunser oder Ave Maria oder sonst irgendein anderes beliebiges Gebet sprechen, nannten wir *mündliches Beten*. Nun seht, was für eine miserable Musik wäre das mündliche Gebet, wenn ihm das innere Beten fehlen würde! Die Worte allein ergeben manchmal gar keinen Sinn und wären alles andere als ein Konzert! – Beim mündlichen und inneren Beten können wir selber etwas tun – mit der Hilfe Gottes freilich –, in der *Kontemplation*, von der ich nun spreche, dagegen gar nichts: Hier tut alles Seine Majestät. Die Kontemplation ist ganz und gar sein Werk, sie übersteigt alle Fähigkeiten unserer Natur.

4 Recht ausführlich und so gut ich es konnte, habe ich das Wesen der Kontemplation im Bericht über mein

Leben[15] erklärt, den ich für meine Beichtväter und in deren Auftrag geschrieben habe. Deshalb will ich dieses Thema hier nur kurz streifen und mich nicht weiter darüber verbreiten. Wer von euch sich glücklich preisen kann, daß der Herr ihn in die Kontemplation einführt, der wird in der genannten Schrift, wenn er sie sich beschaffen kann, genügend Ratschläge und Hinweise finden, die ich mit Gottes Hilfe recht klar formulieren konnte und die euch sehr trösten und voranbringen werden – so glaube ich, und so meinen es einige, die sie gelesen haben und für beachtenswert halten. (Ich schäme mich, wenn ich euch auf etwas aufmerksam mache, was von mir ist. Der Herr weiß, mit welcher Verlegenheit ich vieles schreibe, was ich da zu Papier bringe. Er sei gepriesen, daß er mich überhaupt so erträgt!) Also, wie gesagt: Diejenigen, die das übernatürliche Beten geschenkt bekommen, sollen sich, wenn ich gestorben bin, diese Schrift besorgen. Die anderen brauchen sie nicht, sie sollen versuchen, das zu befolgen, was in diesem Buche hier gesagt wird, alles andere mögen sie dem Herrn überlassen. Die Kontemplation ist etwas, was nur er zu vergeben hat. Er wird sie auch euch nicht verweigern, wenn ihr auf dem Wege nicht stehenbleibt und das Ziel nicht aus den Augen verliert, bis ihr es erreicht habt.

8. (26.) Kapitel

1 Kommen wir nun zurück zum mündlichen Beten. Wie müssen unsere Gebete verrichtet werden, damit Gott uns – auch wenn wir mit dem Verstand nicht viel davon be-

[15] Autobiographie; siehe Bibliographie!

greifen – alle diese Gnaden schenken kann? Wie also verrichtet man sie richtig?

Mit der Gewissenserforschung, dem Schuldbekenntnis und dem Kreuzzeichen soll man bekanntlich beginnen. Dann, Tochter, such' dir Gesellschaft, weil du allein bist. Und welche Gesellschaft könnte da besser sein als die des Meisters selber, der dich das Gebet, das du nun verrichten willst, gelehrt hat? Stell dir vor, daß der Herr nun bei dir ist, betrachte, mit welcher Liebe und Demut er dich unterrichtet. Glaubt mir, wenn ihr das tut, so gut ihr könnt, werdet ihr nie ohne die Gesellschaft dieses guten Freundes sein. Wenn ihr euch angewöhnt, im Bewußtsein zu behalten, daß ihr ihn neben euch habt, und wenn er sieht, daß ihr das aus Liebe macht und ihm zur Freude tut, dann könnt ihr ihn, wie man so sagt, nicht mehr loswerden. Er wird immer bei euch sein. In all euren Mühen wird er euch beistehen. In allen Bereichen eures Lebens wird er gegenwärtig sein. Einen solchen Freund an der Seite zu haben – ist das etwa wenig?

2 Ach ihr Schwestern, die ihr große Verstandesanstrengungen nicht fertig bringt, die ihr keinen Gedanken fassen könnt, ohne gleich wieder zerstreut zu sein, gewöhnt euch doch daran, in seiner Gesellschaft zu leben! Seht, ich weiß, daß ihr das könnt, weil ich ja selber viele Jahre lang darunter gelitten habe, daß ich mit den Gedanken nicht bei einer Sache bleiben konnte. Ich weiß aber auch, daß der Herr uns in solcher Trostlosigkeit zu Hilfe kommt und daß er uns nicht abweist, wenn wir uns an ihn wenden und ihn demütig bitten. Und wenn wir es in einem Jahr nicht schaffen, da herauszukommen, so eben in mehreren. Nie

soll es uns um die Zeit leid tun, die wir für ihn verschwendet haben. Wer treibt uns denn? Ich meine, daß wir es uns durchaus zur Gewohnheit machen können, uns darum zu bemühen, in Gesellschaft dieses echten Freundes unseren Weg zu gehen.

3   Ich bitte euch nicht, daß ihr euch auf ihn konzentriert, auch nicht, daß ihr große Gedankengänge entwickelt und mit eurem Verstand hohe und feinsinnige Betrachtungen haltet. Ich bitte euch nur um das eine, daß ihr ihn anschaut. Wer hindert euch denn daran, die Augen der Seele auf den Herrn zu richten – und sei es nur für einen kleinen Augenblick, wenn ihr mehr nicht fertigbringt! – Sehr häßliche Dinge anschauen, das könnt ihr, und das Schönste, das man sich überhaupt vorstellen kann, das könnt ihr nicht anschauen? Töchter, euer Bräutigam wendet die Augen nie von euch ab. Trotz der tausend häßlichen und abscheulichen Dinge, die ihr ihm angetan habt, hat er euch ertragen. Sie konnten ihn nicht dazu bewegen, euch fallenzulassen. Ist es da zuviel verlangt, daß ihr wenigstens hin und wieder die Augen von den äußeren Dingen wegwendet und auf ihn richtet? Seht, er erwartet von uns, wie er zur Braut sagt, nichts anderes, als daß wir ihn anschauen.[16] In dem Maße, als ihr nach seiner Gegenwart verlangt, werdet ihr sie finden. Daß wir unseren Blick auf ihn richten, bedeutet ihm so viel, daß er es von seiner Seite her an Aufmerksamkeit nicht fehlen lassen wird.

[16] Vgl. Hld 2,14.

4   Man sagt ja von einer Frau, die eine gute Gattin für ihren Mann sein will, daß sie traurig sein muß, wenn er traurig ist, und fröhlich, wenn er froh ist, selbst wenn sie es nicht wirklich ist. (Da seht ihr wieder einmal, von welcher Knechtschaft ihr frei seid, Schwestern!) Genauso macht es der Herr mit uns, aber in Wahrheit, ohne sich zu verstellen. Er macht sich zum Diener und will, daß ihr die Herrinnen seid, er fügt sich ganz in euren Willen.

Wenn ihr froh gestimmt seid, dann betrachtet ihn als den Auferstandenen! Wenn ihr euch vorstellt, wie er aus dem Grabe erstanden ist, so wird euch das schon Freude machen, erst recht, wenn ihr bedenkt, mit welcher Klarheit, mit welcher Schönheit, mit welcher Majestät, wie siegreich und wie fröhlich er erstanden ist! Wie herrlich geht er aus dem Kampf hervor, bei dem er ein so großes Reich gewann, das er ganz für euch bestimmt hat. Noch dazu schenkt er euch mit diesem Reich sich selber! Ist es dann zuviel verlangt, wenn ihr euch zu dem hinwendet, der sich so an euch verschenkt, und ihn anschaut?

5   Wenn ihr mit Sorgen beladen oder traurig seid, dann betrachtet ihn im Garten Getsemani. Wieviel Traurigkeit lag da in seiner Seele! Dort spricht er es selber aus, daß er leidet, da klagt er über sein Leid. Oder schaut ihn euch an, wie er gebunden an der Geißelsäule steht, von Schmerzen gequält, zerfleischt am ganzen Leibe – und das alles, weil er euch liebt! Soviel muß er ertragen, gejagt von den einen, angespuckt von den anderen, verleugnet von den eigenen Freunden, alleingelassen, ohne irgendeinen Menschen, der sich seiner annehmen würde, erstarrt vor Kälte, und in solcher Einsamkeit, daß ihr euch gegenseitig trösten

könnt. Oder schaut ihn euch an, wie er das Kreuz schleppt, nicht einmal Atem holen läßt man ihn da! Mit seinen schönen, mitleidvollen Augen voller Tränen wird er euch anschauen. Er wird seine Schmerzen vergessen, um euch zu trösten – nur weil ihr bei ihm Trost sucht, nur weil ihr den Kopf wendet und ihn anschaut.

6   »O Herr der Welt, du mein wahrer Geliebter!« – So könnt ihr zu ihm sagen, wenn es euch zu Herzen geht, wie ihr ihn da seht, und wenn ihr ihn nicht nur anschauen wollt, sondern es euch drängt, auch mit ihm zu reden – dann nicht mit gut formulierten, fertigen Gebeten, sondern wie der Kummer eures Herzens es euch eingibt! Das hat er sehr gern! – »Bist du in solcher Not, mein Gott und mein Alles, daß du mit einer so armseligen Gesellschaft vorlieb- nehmen willst? Ich sehe an deinem Ausdruck, daß du bei mir Trost gefunden hast. Aber, wie ist es nur möglich, Herr, daß dich die Engel allein lassen und daß selbst dein Vater dich nicht tröstet? Wenn es so ist, Herr, daß du das alles für mich leiden willst – was ist es schon, was ich für dich leide! Worüber beklage ich mich! Wenn ich dich leiden sehe, Herr, schäme ich mich so, daß ich alle Widrig- keiten, die über mich kommen mögen, ertragen will. Ich will sie als große Kostbarkeit betrachten, weil ich dir damit ein klein wenig nachfolgen kann. Gehen wir den Weg ge- meinsam, Herr! Wohin du gegangen bist, dorthin muß auch ich gehen. Was du durchlitten hast, das muß auch ich durchleiden.«

7   Tragt sein Kreuz mit, Töchter! Macht euch nichts daraus, wenn ihr von den Juden Fußtritte bekommt, denn

dadurch hat er etwas weniger zu leiden. Achtet nicht auf das, was sie hinter euch her schreien! Seid taub für ihr Gerede!

Wenn ihr stolpert, wenn ihr mit eurem Geliebten zusammenbrecht, dann trennt euch nicht vom Kreuz, laßt es nicht los! Schaut genau hin, wie erschöpft er sich vorwärts schleppt, und seht, wie das, was er durchmachen muß, all das weit übertrifft, was ihr zu leiden habt, mögen euch eure Schwierigkeiten auch noch so groß vorkommen, mögt ihr sie auch noch so schmerzlich empfinden! Ihr werdet darin Trost finden, denn ihr werdet begreifen, daß sie im Vergleich zu dem, was der Herr tragen muß, lächerlich klein sind.

8 Schwestern, ihr werdet fragen: »Wie bringt man denn das fertig?« Vielleicht sagt ihr auch: »Ja, wenn wir das alles mit leiblichen Augen gesehen hätten, dann hätten wir uns sehr gern so verhalten und hätten ihn immer angeschaut!« – Glaubt doch so etwas nicht! Denn wer sich jetzt nicht ein klein wenig Gewalt antun will, um den Blick nach innen zu richten und in seinem Inneren auf den Herrn zu schauen – was ja ohne jede Gefahr möglich ist und wozu es nur ein klein wenig Aufmerksamkeit braucht –, der hätte sich noch viel weniger mit Magdalena unter das Kreuz gestellt, die seinen Tod mit eigenen Augen sah.

Was müssen die glorreiche Jungfrau und diese Heilige gelitten haben! Wie viele Drohreden mußten sie hören, wie viele böse Worte, wieviel Haß und wieviel Grobheit mußten sie ertragen! Denn mit einer feinen Gesellschaft hatten sie es zu tun: mit den Hofleuten der Hölle, mit den Gesandten des Teufels! Es ist ganz sicher, daß sie Furchtbares durchzumachen hatten, es sei denn, daß sie den eigenen Schmerz nicht spürten, weil das Mitleiden mit dem Herrn der größere Schmerz war. – Deshalb, Schwestern, glaubt doch nicht, daß ihr so große Nöte durchgestanden hättet, wenn ihr nicht einmal zu solchen kleinen Dingen fähig seid! Übt euch erst in diesen, dann könnt ihr an größere denken.

9   Es kann eine Hilfe sein, wenn ihr versucht, immer ein Bildnis des Herrn, irgendeine Darstellung, die nach eurem Geschmack ist, bei euch zu haben, aber nicht, um sie nur auf dem Herzen zu tragen und niemals draufzuschauen, sondern um häufig mit ihm zu reden. Er wird euch eingeben, was ihr sagen sollt!

Mit anderen Personen redet ihr doch auch, warum sollte es euch dann an Worten fehlen, wenn ihr mit Gott redet? Glaubt doch das nicht! Ich jedenfalls werde es nicht glauben, sofern ihr euch nur angewöhnt, mit Gott zu sprechen. Der mangelnde Umgang ist es doch, der uns einem Menschen entfremdet, so daß wir schließlich nicht mehr mit ihm zu reden verstehen und den Eindruck haben, als würden wir ihn nicht kennen. Das kann sogar geschehen, wenn es sich um einen Verwandten handelt, denn auch Verwandtschaft und Freundschaft verlieren sich, wenn die Kommunikation fehlt.

10   Eine große Hilfe kann es auch sein, wenn ihr ein gutes, in der Muttersprache geschriebenes Buch zur Hand nehmt. So könnt ihr die Gedanken besser sammeln und kommt leichter dahin, das mündliche Gebet gut zu verrichten. Auf sanfte und geschickte Weise, ohne sie zu er-

schrecken, gewöhnt man so die Seele nach und nach daran. Stellt euch vor, daß viele Jahre vergangen sind, seit eure Seele ihrem Bräutigam davongelaufen ist, und bis sie wieder gewillt ist, in sein Haus zurückzukehren, ist es wichtig, daß sie weiß, wie sie mit ihm umgehen muß. So sind wir Sünder nun einmal: Wir haben unsere Seele und unsere Gedanken so daran gewöhnt, sich ihr Vergnügen zu suchen – oder ihr Leid, so muß man wohl eher sagen –, daß die bedauernswerte Seele sich selbst nicht mehr kennt, ja daß es großer Geschicklichkeit bedarf, sie dahin zu bringen, daß sie wieder gern in ihrem Hause bleibt. Wenn wir nicht auf diese Weise vorgehen, Schritt für Schritt, erreichen wir gar nichts.

Ich versichere euch: Wenn ihr euch das, was ich gesagt habe, mit Sorgfalt zur Gewohnheit macht, werdet ihr so reichen Gewinn daraus ziehen, daß ich, selbst wenn ich es euch sagen wollte, nicht wüßte wie. Bleibt also neben diesem guten Meister und seid fest entschlossen zu lernen, was er euch lehrt. Seine Majestät wird dafür sorgen, daß ihr nicht nachlaßt, gute Schülerinnen zu werden. Er wird euch nicht verlassen, wenn nur ihr ihn nicht verlaßt. Betrachtet die Worte, die sein göttlicher Mund spricht. Schon beim ersten werdet ihr erkennen, welche Liebe er zu euch hat – und das ist ja für einen Schüler kein geringer Lohn und keine kleine Freude: zu wissen,
daß sein Meister ihn liebt.

9. (27.) Kapitel

1 »*Vater unser im Himmel!*« – O mein Gott, als welch eines Sohnes Vater offenbarst du dich hier, und als welch eines Vaters Sohn offenbart sich dein Sohn! Sei gepriesen auf immer und ewig! Die Gnade, gemeinsam mit dir Gott »Vater« nennen zu dürfen, ist umso größer, Herr, da du sie uns nicht erst am Ende dieses Gebetes schenkst; schon wenn wir es zu sprechen beginnen, füllst du uns die Hände und machst uns ein so großes Geschenk. Leicht kann es geschehen, daß davon der Verstand bis zum Überfließen gefüllt wird und auch das ganze Gemüt davon durchdrungen ist, daß man kein Wort mehr hervorbringen kann.

Oh, wie käme es uns hier zugute, Töchter, wenn wir in der vollkommenen Kontemplation lebten! Mit welcher Selbstverständlichkeit würde da die Seele in ihr Inneres eintreten, um sich selbst leichter vergessen zu können. Dann könnte ihr dieser heilige Sohn verständlich machen, worum es sich eigentlich handelt, wenn er sagt, sein Vater sei im Himmel. Entfliehen wir der Enge des rein Irdischen, meine Töchter! Denn eine solche Gnade wie diese darf doch nicht zur Folge haben, daß man sich an das bißchen Vergänglichkeit festklammert; wenn wir lernen können, was das wirklich Große ist, dürfen wir nicht Gefangene der Erde bleiben.

2 Du Sohn Gottes und mein Herr, schon mit dem ersten Wort schenkst du uns so viel auf einmal! Du erniedrigst dich bis zum äußersten, indem du dich unserem Beten anschließt und dich selbst zum Bruder so niedriger und elender Geschöpfe machst. Im Namen deines Vaters schenkst du uns alles, was man nur geben kann! Du willst, daß er uns als seine Kinder betrachtet – und dein Wort zählt ja bei ihm! Du verpflichtest ihn, es zu erfüllen! Damit legst du ihm keine geringe Bürde auf. Denn wenn er Vater ist, muß er uns ertragen mit allem, womit wir ihn beleidigen. Wenn wir wieder zu ihm zurückkehren wie der verlorene Sohn, muß er uns vergeben. Er muß uns trösten in unseren Nöten. Er muß uns ernähren, wie es die Pflicht eines Vaters ist, noch dazu eines solchen Vaters, der besser sein muß als alle Väter der Welt, weil in ihm nichts anderes sein kann außer der ganzen Fülle des Guten. Und zu all dem muß er uns noch zu deinen Teilhabern und Miterben machen.

3 Paß auf, was du tust, mein Herr! In deiner Liebe zu uns und in deiner Demut machst du vor nichts Halt! Schließlich, Herr, bist du auf der Erde, bist mit ihr bekleidet, du hast unsere Natur! Sicherlich, du scheinst einigen Grund zu haben, um unser Wohl besorgt zu sein. Aber denk daran, daß du im Himmel einen Vater hast – das hast du selber gesagt! Es ist nur recht und billig, daß du um seine Ehre besorgt bist! Wenn du dich schon dazu hergegeben hast, um unseretwillen Schande auf dich zu nehmen, so laß doch deinen Vater aus dem Spiel! Verpflichte ihn nicht dazu, sich zum Vater so erbärmlicher Leute zu machen, wie ich es bin und die ihm nur mit Schlechtigkeit danken werden.

4   O guter Jesus! Wie klar zeigt sich hier, daß du mit dem Vater eins bist und daß dein Wille der seine ist und sein Wille der deine! Welch eindeutiges Bekenntnis, mein Herr! Wie groß muß doch die Liebe sein, die du zu uns hast! Du hast vor dem Teufel verborgen, daß du der Sohn Gottes bist. In deiner großen Sehnsucht nach unserem Heil konnte dich nichts daran hindern, uns eine so übergroße Gnade zu schenken. Wer hätte so etwas tun können außer dir, Herr? Mir ist unverständlich, wie der Teufel nicht zumindestens aus diesem Wort hat erkennen können, wer du bist. Er blieb in seinem Zweifel. Wenigstens verstehe ich das eine gut, mein Jesus, daß du als der vielgeliebte Sohn gesprochen hast, und zwar für dich und für uns zugleich, und daß du bewirken kannst, daß im Himmel geschieht, was du auf Erden sagst. Sei auf ewig gepriesen, Herr, du bist ein solcher Freund des Schenkens, daß nichts dich davon abhalten kann.

5   Nun, was meint ihr, Töchter, ist das nicht ein guter Meister? Damit wir Lust bekommen zu lernen, was er uns lehren will, beginnt er den Unterricht damit, daß er uns ein großes Geschenk macht. Meint ihr immer noch, wir dürfen es unterlassen, wenn wir diese ersten Worte aussprechen, unseren Verstand zu benutzen und unser Herz vom Anblick einer solchen Liebe zerreißen zu lassen? Wo gibt es auf der Welt einen Sohn, der sich nicht dafür einsetzt, seinen Vater kennenzulernen, noch dazu, wenn er einen guten Vater hat, und einen von Würde und Adel? Freilich, wenn Gott nicht so wäre, dann würde es mich überhaupt nicht wundern, wenn wir kein Interesse an ihm hätten. Das würde dann dem entsprechen, wie es in der

Welt zugeht: Wenn der Vater von geringerem Stande als der Sohn ist, betrachtet der es nicht gerade als Ehre, ihn zum Vater zu haben.

6   So etwas kommt bei uns nicht vor. Und verhüte Gott, daß jemals in diesem Hause über solche Torheiten gesprochen wird!

Das wäre die Hölle! Wer von besserer Herkunft ist, soll seine Familie lieber etwas vorsichtiger in den Mund nehmen. Alle sollen gleich sein. O Collegium Christi, bei euch hatte der heilige Petrus ein höheres Amt als der heilige Bartholomäus, obwohl er nur ein Fischer war, der andere aber Sohn eines Königs. So wollte es der Herr. – Seine Majestät wußte, daß man sich in der Welt darüber streiten wird, welcher Lehm, aus dem einer gemacht ist, der bessere sei. Es ist gerade so, als wenn man darüber diskutieren würde, ob der Lehmziegel oder die Lehmwand von besserer Herkuft ist. Mein Gott, was machen wir uns für Probleme!

Möge Gott euch vor derartigen Streitereien bewahren, Schwestern, selbst wenn sie nur im Spaß geschehen! Ich setze meine ganze Hoffnung auf Seine Majestät, daß er so etwas nicht zuläßt. Wenn irgendeine von euch mit derartigen Reden anfängt, dann gehe man sofort dagegen vor! Die Betreffende soll in der Furcht leben, der Judas unter den Aposteln zu sein. Man gebe ihr solange Bußen auf, bis sie begreift, daß sie nicht wert ist, aus dem schlechtesten Lehm zu sein.

Einen guten Vater habt ihr alle, den gibt euch der gute Jesus. Von einem andern Vater habt ihr hier nicht zu reden! Und bemüht euch, meine Töchter, so zu leben, daß ihr es wert seid, euch an ihm zu erfreuen und euch in seine Arme zu werfen. Ihr wißt ja, daß er euch nicht abweisen wird, wenn ihr als gute Töchter mit ihm leben wollt – und wer würde nicht alles tun, um bei einem solchen Vater zu sein?

7 O mein Gott, wieviel Trost kann man allein in diesem einen Wort finden! Ich will mich nicht weiter darüber verbreiten, denkt selbst darüber nach. Mögen dabei eure Gedanken auch in Zerstreuung geraten, zwischen einem solchen Sohn und einem solchen Vater ist ganz gewiß der heilige Geist, der eure Herzen anrühren und euch mit starker Liebe an sich ziehen wird. Vielleicht genügt das Wissen darum, wie groß die Vorteile eines solchen Betens sind, um euch zu überzeugen.

10. (28.) Kapitel

1 Nun betrachtet die nächsten Worte, die euer Meister sagt: »... *im Himmel!*«. Ihr denkt vielleicht, es sei doch nicht so wichtig zu wissen, was »Himmel« ist und wo man Gott, den heiligsten Vater, zu suchen habe? Nun, meiner Meinung nach ist es für leicht zerstreute Gemüter nicht nur äußerst wichtig, an den Himmel zu glauben, man sollte sich sogar darum bemühen, ihn durch eigene Erfahrung zu kennen. Denn das ist eines der Mittel, den Verstand zu ordnen und der Seele zur Sammlung zu verhelfen.

2 Wie ihr wißt, ist Gott überall gegenwärtig. Begreiflicherweise ist dort, wo sich der König aufhält, auch – wie man so sagt – sein Gefolge. Das heißt also, wo Gott ist,

da ist der Himmel. Das könnt ihr ohne jeden Zweifel glauben.

Dort, wo Seine Majestät zu Hause ist, findet man auch alle Herrlichkeit. Und nun schaut her: Der heilige Augustinus sagt, er habe Gott überall gesucht, gefunden aber habe er ihn in seinem eigenen Inneren.

Wie wichtig ist es für einen leicht zerstreuten Menschen, diese Wahrheit zu begreifen! Er muß nicht erst zum Himmel aufsteigen, um mit seinem Vater zu sprechen, er braucht nicht laut zu rufen, um mit ihm in Verbindung zu kommen. So leise die Seele auch spricht – der Vater ist so nahe, daß er uns hört. Man braucht keine Flügel, um zu ihm aufzusteigen. In die Einsamkeit muß man gehen und ihn im eigenen Innern anschauen. Und dann darf man einem so lieben Gast gegenüber nicht fremd tun. In aller Demut kann man mit ihm reden wie mit einem Vater, ihn bitten, wie man eben einen Vater bittet, ihm alle Nöte aufzählen, ihn um Hilfe anrufen – freilich immer in dem Bewußtsein, daß man es gar nicht wert ist, seine Tochter zu sein.

3 Man muß dazu eine gewisse Schüchternheit ablegen, die manche Menschen an sich haben und für Demut halten. Es hat doch nichts mit Demut zu tun, wenn ihr ein Geschenk, das der König euch machen will, nicht annehmt! Wirklich demütig wäret ihr, wenn ihr seine Gabe annehmt, euch bewußt macht, wie unverdient ihr dazu kommt, und euch darüber von Herzen freut. Das ist mir eine schöne »Demut«: Der Herrscher über Himmel und Erde kommt in mein Haus, um mir ein Geschenk zu machen und mit mir froh zusammen zu sein, und ich

antworte ihm aus Demut nicht, gebe mich nicht mit ihm ab, nehme sein Geschenk nicht an und lasse ihn allein sitzen! Er besteht darauf, daß ich einen Wunsch äußere, aber aus Demut bleibe ich lieber arm, und so veranlasse ich ihn zu gehen, da er sieht, wie unentschlossen ich bin.

Eine solche Art von Demut braucht ihr, Töchter, nicht zu pflegen! Geht mit Gott um wie mit einem Vater, wie mit einem Bruder, wie mit einem Herrn und wie mit einem Geliebten, das eine Mal so, ein anderes Mal so. Er selber wird euch dann zeigen, was ihr tun müßt, um ihm Freude zu machen. Stellt euch doch nicht so töricht an! Nehmt ihn beim Wort, daß er euer Geliebter ist und wie ein Liebender mit euch umgehen möchte.

4   Diese Art, das mündliche Gebet zu verrichten, führt in sehr kurzer Zeit dazu, daß sich die Gedanken sammeln. Es ist eine Gebetsweise, durch die man viel Gutes gewinnen kann. Man nennt sie *Gebet der Sammlung*, denn dabei sammelt die Seele alle ihre Kräfte und tritt mit Gott in ihr Inneres sein. Dadurch kommt der göttliche Meister früher als gewöhnlich dazu, sie zu unterweisen und ihr das »Gebet der Ruhe« zu schenken. Denn erst, wenn sie ganz in sich gesammelt ist, kann sie an die Passion des Herrn denken, sich vergegenwärtigen, wie der Sohn Gottes in ihrem Inneren anwesend ist, sie kann ihn dem Vater aufopfern, ohne daß der Verstand ihn auf dem Kalvarienberg, im Garten Getsemani oder an der Geißelsäule suchen müßte und dabei ermüdete.

5   Wer sich auf diese Weise in den kleinen Himmel der Seele einzuschließen versteht, wo der ist, der den Himmel

und die Erde geschaffen hat, wer sich daran gewöhnen kann, nicht mehr dorthin zu schauen und sich nicht mehr dort aufzuhalten, wohin sich die äußeren Sinne zerstreuen, der sei davon überzeugt, daß er einen ausgezeichneten Weg geht und das Wasser aus der Quelle trinken wird, denn er legt einen weiten Weg in kurzer Zeit zurück. Es ist wie bei einem, der mit dem Schiff fährt: Mit ein wenig gutem Wind erreicht er das Ziel seiner Reise in nur wenigen Tagen. Wer aber zu Lande reist, benötigt mehr Zeit.

6   Diejenigen, die wissen, wie sie es machen müssen, um sich zu sammeln, befinden sich sozusagen schon auf dem Meer. Zwar haben sie das Land noch nicht ganz verlassen, doch indem sie ihre Sinne nach innen sammeln, tun sie ihr Möglichstes, um vom Ufer wegzukommen. Ob die Sammlung echt ist, läßt sich deutlich an einer bestimmten Auswirkung auf die Seele erkennen. Ich weiß allerdings nicht, wie ich sie beschreiben soll. Wer sie kennt, wird wissen, was ich meine. Die Seele gleicht einem, der vom Tisch aufsteht, nachdem er das Spiel gewonnen hat, denn sie erkennt bereits, was die Dinge der Welt sind. Sie erhebt sich zum besten Zeitpunkt wie einer, der eine befestigte Burg betritt, um vor den Feinden sicher zu sein: Es ist ein Sich-zurückziehen der Sinne von äußeren Dingen, ein Loslassen, so daß sich unbewußt die Augen schließen, um sie nicht zu sehen, während der innere Blick auf die Dinge der Seele gerichtet ist.
Wer diesen Weg einschlägt, hat daher beim Sprechen der Gebete fast immer die Augen geschlossen. Das ist eine in vielerlei Hinsicht wertvolle Gewohnheit, weil man sich da

selbst ein wenig Gewalt antut, um den Blick von den irdischen Dingen wegzuwenden. Zum mindesten am Anfang ist dies nötig, später nicht mehr. Da muß man sich dann eher Gewalt antun, um in der Gebetszeit die Augen aufzumachen. Man hat dann den Eindruck, als spüre man, wie die Seele sich auf Kosten des Leibes kräftigt und stärkt und ihn einsam und geschwächt zurückläßt, während sie selber sich zurüstet, um ihn leiten zu können.

7   Auch wenn die Seele am Anfang das alles nicht wahrnimmt, da die Sammlung weniger tief ist – es gibt nämlich höhere und niedrigere Grade der Sammlung – so sollte sie sich doch diese Übung zur Gewohnheit machen. Anfangs macht ihr der Leib zwar Schwierigkeiten, weil er sein Recht fordert und nicht begreifen will, daß er sich selbst den Kopf abschlägt, wenn er sich nicht ergibt. Übt man sich jedoch eine Weile in dieser Gebetsweise und tut sich damit ein wenig Gewalt an, so wird der Gewinn nicht ausbleiben. Wir werden dann die Erfahrung machen können, daß die Gedanken – sobald wir unsere Gebete zu sprechen beginnen – gleichsam wie Bienen zum Stock kommen und in ihn hineinfliegen, um Honig zu bereiten, und dies alles, ohne daß es uns Mühe kostet. Denn der Herr will uns für die Zeit, die wir ihm geschenkt haben, belohnen, indem er der Seele und dem Willen die Herrschaft über die Sinne verleiht. Sobald dann der Wille den Sinnen nur ein Zeichen gibt, daß die Seele sich sammeln möchte, gehorchen sie ihm und sammeln sich in ihr. Selbst wenn sie sich danach wieder nach außen wenden, ist es doch von großem Gewinn, wenn sie erst einmal unterworfen waren. Denn nun gehen sie als Gefangene und Untergebene nach draußen

und verursachen nicht mehr so viel Schaden, wie sie vorher anrichten konnten. Sobald der Wille sie wieder zurückruft, gehorchen sie ihm viel schneller – bis der Herr will, daß sie nach vielmaligem Einkehren schließlich ganz in vollkommener Kontemplation bleiben.

8 Versteht gut, was ich sagen wollte! Auch wenn es dunkel erscheint, so wird es doch jeder verstehen, der danach verlangt, es für sich zu verwirklichen.

Wir reisen also zur See, und da wir möglichst zügig vorwärtskommen möchten, wollen wir nun ein wenig darüber sprechen, wie wir uns diese Gebetsweise, die uns so gut voranbringt, angewöhnen können. Denn wer sie beherrscht, ist vor vielen Gefahren besser geschützt, und das Feuer der göttlichen Liebe erfaßt ihn weitaus schneller. Weil er dem Feuer selbst ganz nahe ist, bedarf es nur eines leisen Anhauchens mit dem Verstande, um es anzufachen. Ein kleiner Funke genügt, um die Seele ganz in Flammen zu setzen. Weil von außen nichts stört, ist die Seele allein mit ihrem Gott; sie ist ganz bereit, sich von der Gottesliebe entzünden zu lassen.

9 Stellen wir uns vor, daß unser Inneres ein Palast von höchster Schönheit sei, ganz und gar erbaut aus Gold und kostbaren Edelsteinen – kurz: ein Wohnort, wie geschaffen für einen solchen Herrn! – Und ihr seid daran beteiligt, dieses Bauwerk so schön zu gestalten.

Es gibt kein schöneres Bauwerk, als eine reine, mit Tugenden geschmückte Seele, und je größer die Tugenden sind, um so prächtiger funkeln sie wie Edelsteine. – Stellt euch weiter vor: In diesem Palast wohnt der große König, der so gern euer Vater sein will, er sitzt auf einem Thron von größter Kostbarkeit, und dieser Thron ist euer Herz.

10   Auf den ersten Blick mag der Vergleich, den ich hier zum besseren Verständnis gebrauche, etwas gewagt erscheinen. Er kann aber sehr von Nutzen sein – für euch besonders! Denn da wir Frauen keine Gelehrten sind, brauchen wir solche Bilder sehr. Und es ist doch so wichtig, das wirklich zu begreifen: Es gibt in uns etwas unvergleichlich Kostbareres, als wir von außen wahrnehmen können. Wir dürfen nicht meinen, in unserem Inneren sei nichts als Leere – und gebe Gott, daß es wirklich nur die Frauen sind, die so von sich denken! Würden wir versuchen, uns bewußt zu machen, daß wir einen solchen Gast in unserem Inneren beherbergen, dann wären wir meiner Meinung nach unmöglich in solchem Maße auf die Dinge der Welt versessen! Wir würden dann wissen, wie nichtig alles ist im Vergleich zu dem, was wir in unserm Innern besitzen. Macht es ein Raubtier anders? Sobald es etwas erblickt, das ihm behagt, macht es sich darüber her und stillt seinen Hunger an der Beute. Ja, was für ein Unterschied besteht dann noch zwischen ihm und uns?

11   Ihr werdet vielleicht über mich lachen und sagen, das sei alles ganz klar, und ihr hättet Recht damit; aber mir war das alles eine Zeitlang ganz und gar nicht klar. Wohl wußte ich, daß ich eine Seele habe, aber was diese Seele wert ist und daß da jemand in ihr wohnt, das wußte ich nicht. Ich hätte es auch gar nicht sehen können, weil ich mir mit den Eitelkeiten des Lebens die Augen verschleiert hatte. Hätte

ich damals erkannt, was ich heute weiß, daß in diesem kleinen Palast meiner Seele ein so großer König wohnt, ich glaube, ich hätte ihn nicht so oft alleingelassen. Ich hätte mich häufiger bei ihm aufgehalten, ich hätte mich auch mehr darum bemüht, nicht so schmutzig herumzulaufen. Wie wunderbar ist doch das alles: Er, der tausend Welten und noch viel mehr mit seiner Größe ausfüllt, er schließt sich in etwas so Kleinem ein! Weil er der Herr ist, behält er dabei dennoch seine Freiheit, und weil er uns liebt, paßt er sich uns an, macht sich auf unser Maß zurecht – das ist die Wahrheit!

Am Anfang gibt er sich der Seele natürlich nicht gleich zu erkennen, damit sie nicht erschrickt, wenn sie sieht, wie klein sie ist und doch etwas so Großes in sich trägt. Aber nach und nach macht er ihr Inneres weit, jeweils nach dem Maß dessen, was er in sie hineinzulegen hat. Deshalb sagte ich, er behält dennoch seine Freiheit, denn er hat die Macht, diesen Palast unbegrenzt zu erweitern.

12 Worauf es ankommt, ist, daß wir ihm diesen inneren Palast mit aller Entschlossenheit übereignen und ihn ausräumen, damit er hineinlegen und herausnehmen kann, wie wenn er sein Eigentum ist. Dazu hat Seine Majestät das volle Recht, wir dürfen es ihm nicht verweigern. Da er unserem Willen nicht Gewalt antun möchte, nimmt er nicht mehr als das, was wir ihm geben. Sich selbst schenkt er erst ganz, wenn wir uns ihm ganz schenken.

Es ist ganz sicher so, und weil das ein so wichtiger Punkt ist, erinnere ich euch immer wieder daran. Gott kann in der Seele nicht so wirken, wie er es tun würde, wenn sie sich ihm ganz und ohne Vorbehalte schenkte. Ich wüßte auch nicht, wie er da wirken sollte, er ist ja ein Freund der Gemeinsamkeit und des Einklanges. Wenn wir den Palast mit allerlei Gesindel und mit allem möglichen Plunder füllen, wie soll dann der Herr mit seinem großen Gefolge noch Platz darin finden? Es ist ja schon viel, wenn er sich einen Augenblick lang in einem solchen Durcheinander aufhält!

13 Bedenkt, Töchter, er kommt nicht allein! Hört doch, was sein Sohn sagt: »Vater unser im Himmel«. Einen solchen König lassen doch die Hofleute nicht allein. Sie bitten ihn um Hilfe für uns alle, denn sie sind voller Liebe. Da ist es nicht so, wie hier bei uns auf Erden. Wenn hier ein weltlicher Herr oder ein Oberer aus bestimmten Gründen oder nach freiem Belieben irgend jemanden bevorzugt, ruft das sogleich bei anderen Neid hervor, und jener arme Mensch ist schief angesehen, ohne daß er jemandem etwas getan hätte.

11. (29.) Kapitel

1 Um der Liebe Gottes willen! – hütet euch, Töchter, auf solche Gunsterweise Wert zu legen! Es soll sich jede einzelne darum bemühen, das zu tun, was gerade ihre Pflicht ist, und wenn die Priorin sich nicht dafür bedankt, so kann sie sicher sein, daß der Herr es ihr vergelten und danken wird. Ja, wir sind doch nicht hierhergekommen, um irdischen Lohn zu suchen! Immer sollen unsere Gedanken bei den Dingen sein, die von Dauer sind. Auf Vergängliches, das nicht einmal eine Lebensspanne lang über-

dauert, sollen wir keinerlei Wert legen! Heute zum Beispiel steht die Priorin gut mit der einen, morgen ist sie, wenn sie eine Tugend an dir wahrnimmt, mehr dir zugeneigt, und wenn nicht, ist es auch nicht schlimm. Gebt solchen Gedanken nicht erst Raum! Sie setzen manchmal bei einer Kleinigkeit an, können euch aber dann sehr durcheinanderbringen. Schneidet sie ab, indem ihr euch vergegenwärtigt, daß euer Reich nicht von dieser Welt ist und wie schnell alles ein Ende nimmt.

2   Allerdings wäre das noch ein niedrig zu bewertendes Motiv, es verrät keine besondere Vollkommenheit. Das bessere Motiv wäre, Mißachtung und Demütigung aus Liebe zum Herrn, der ja bei euch ist, zu ertragen. Richtet die Augen auf euch selber und schaut nach innen, so wie ich es euch gesagt habe. Dort werdet ihr euren Meister finden, der euch nicht alleinlassen wird. Je weniger äußeren Trost ihr habt, desto mehr innere Freude wird er euch schenken. Er ist voller Mitleid, und den Menschen, die traurig und wenig beachtet sind, ist er nie fern, wenn sie nur auf ihn allein ihr Vertrauen setzen. David sagt, der Herr ist den zerbrochenen Herzen nahe[17]. Entweder glaubt ihr das, oder ihr glaubt es nicht. Wenn ihr es aber glaubt, warum grämt ihr euch dann?

3   O mein Herr! Wenn wir dich wirklich verstanden hätten, dann würden wir auf all dieses Nichts auch nichts geben, denn du gibst denen, die sich dir ganz anvertrauen wollen, viel Größeres! Diese Wahrheit zu begreifen ist so

[17] Vgl. Ps 34,19; 51,19; 91,15.

wichtig, glaubt mir, meine Freundinnen! Seht doch, wie alle irdischen Gunsterweise zur Lüge werden, selbst wenn sie den Menschen auch nur ein wenig von der Einkehr in sein Inneres abbringen. O Gott, wenn euch doch dies jemand begreiflich machen könnte! Ich selber kann es nicht, mit Sicherheit nicht. Obwohl ich mehr dazu verpflichtet wäre, es zu verstehen, als jeder andere, habe ich es doch längst nicht so begriffen, wie man es begreifen müßte.

4   Aber zurück zum Thema. Ich wünschte, ich könnte euch beschreiben, wie sich diese heilige Gesellschaft mit unserem Begleiter, dem Heiligen aller Heiligen, in der Seele aufhält. Gott lebt mit seinem ganzen Hofstaat in uns, ohne die stille Zweisamkeit zwischen Mensch und göttlichem Geliebten zu stören, wenn dieser nur mit seinem Gott in das innere Paradies eintreten will und die Tür vor den Dingen der Welt hinter sich zuschließt. Ich sage »will«, damit ihr seht, daß es sich hier nicht um etwas rein Übernatürliches handelt, sondern viel von unserem Wollen abhängt. Mit der Hilfe und der Gunst Gottes vermögen wir gar manches! (Ohne ihn freilich überhaupt nichts, aus uns selbst können wir ja nicht einmal einen guten Gedanken fassen!) Denn es ist nicht etwa so, daß die Seelenkräfte bei solchem Beten schweigen. Die Seele hat sie lediglich nach innen geholt.

5   Es gibt viele Wege, dahin zu gelangen. In einigen Büchern, die darüber schreiben, heißt es, daß wir uns loslösen müssen von allem, um Gott im Innern zu finden, ja daß wir uns sogar während unserer Arbeit auf uns selbst gesammelt halten sollen. Würde ich auch nur einen ein-

zigen Moment an den denken, der mir im Innern Gesellschaft leistet, es brächte schon großen Gewinn! Kurz, wir müssen uns angewöhnen, leise und innerlich mit Gott zu sprechen, lautes Reden ist nicht notwendig, denn Seine Majestät wird uns sein Anwesendsein innerlich erfahren lassen.

6 Auf diese Weise werden wir das mündliche Gebet mit größerer Ruhe verrichten und weniger Schwierigkeiten damit haben. Schon in der kurzen Zeit, da wir uns zu sammeln bemühen, um ihm innerlich nahe zu sein, hat er uns verstanden. Es genügen ihm die ersten Zeichen unseres guten Willens. Mußten wir sonst viele Vaterunser beten, so versteht er uns jetzt schon beim ersten. Er hat es sehr gern, wenn er uns die Arbeit erleichtern kann. Selbst wenn wir in einer Stunde nicht mehr als ein einziges Vaterunser beten, so genügt ihm das – wenn wir nur daran denken, daß wir bei ihm sind, und die Bitten, die wir da rezitieren, auch verstehen. Wenn wir nur wüßten, wie gern er uns beschenkt und welche Freude es ihm bereitet, bei uns zu sein! Er will nicht, daß wir mit dauerndem Reden unsern Geist ermüden.

7 Möge der Herr euch in diese Art zu beten einführen, soweit ihr sie noch nicht kennt! Von mir muß ich jedenfalls zugeben, daß ich nie wußte, was es heißt, ein Gebet mit innerer Freude zu verrichten, bis auch mich der Herr diese Art zu beten gelehrt hat. Die Angewohnheit, mich nach innen zu sammeln, hat mir immer so viel Nutzen gebracht, daß ich nicht anders konnte, als so ausführlich davon zu sprechen.

Zum Schluß noch diesen Rat: Wer zu solcher inneren Sammlung gelangen will, darf nie aufhören, sich immer wieder von neuem in das einzuüben, was ich hier zu beschreiben versuchte. Denn, wie gesagt, viel liegt bei uns selbst! So wird man nach und nach die Herrschaft über sich selbst gewinnen und sich nicht mehr so ins Leere hinein zerstreuen. Man wird sich für sich gewinnen, das heißt, man wird seine Sinne für sein inneres Leben zu gebrauchen lernen. Wenn ihr sprecht, so sollt ihr versuchen, daran zu denken, daß es jemanden gibt, mit dem ihr im Innern sprechen könnt. Wenn ihr etwas hört, so sollt ihr euch darauf besinnen, daß ihr etwas hören könnt von jemandem, der ganz nahe ist und spricht. Kurz, man muß sich bemühen – und wenn man will, kann man auch –, sich nie von diesem guten Freund zu trennen. Die Zeit soll uns reuen, in der wir den Vater, den wir doch so nötig brauchen, alleingelassen haben. Wer es fertigbringt, soll sich im Laufe des Tages öfter in der Sammlung üben, wer nicht, der soll sich wenigstens ab und zu darum bemühen. Hat man sich das erst einmal zur Gewohnheit gemacht, wird es sich früher oder später auszahlen. Dann werdet ihr das, was der Herr euch schenkt, gegen keinen Schatz der Welt eintauschen wollen.

8 Ohne ein klein wenig Anstrengung läßt sich überhaupt nichts lernen. Um der Liebe Gottes willen, Töchter, haltet die Mühe, die ihr dafür verwendet, für gut angelegt! Ich bin überzeugt, wenn ihr nur ein wenig guten Willen habt, werdet ihr in einem Jahr oder auch schon in einem halben mit Gottes Hilfe den Gewinn ernten. Seht, eine kurze Zeit für einen so großen Gewinn! In dieser Zeit legt ihr ein

gutes Fundament. Wenn er will, kann der Herr euch dann zu großen Dingen befähigen, da er euch bereit und in seiner Nähe findet. Möge Seine Majestät niemals zulassen, daß wir uns aus seiner Gegenwart entfernen!

Amen.

12. (30.) Kapitel

1 Welcher Mensch, mag er sonst auch noch so unbedacht daherreden, würde sich nicht, wenn er eine wichtige Person um etwas bitten müßte, vorher genau überlegen, wie er sein Anliegen vorbringen kann, um Wohlwollen zu finden und kein Mißfallen zu erregen? Überlegt er nicht auch, um was er bittet und wozu er das Erbetene braucht – vor allem wenn es sich um so bedeutende Dinge handelt, wie unser guter Jesus sie zu erbitten uns lehrt! –? Meiner Meinung nach ist dieser Hinweis recht beachtenswert. Hättest du nicht, Herr, das ganze Vaterunser in dem einen Satz zusammenfassen können: »Vater, gib uns, was wir brauchen«? Mehr zu sagen wäre doch gar nicht nötig gewesen, da der Vater ja ohnehin um alles so gut weiß.

2 O ewige Weisheit, zwischen dir und deinem Vater hätte das freilich genügt. So hast du ja auch im Ölgarten gebetet. Du hast deinen Willen und deine Angst vor ihn hingetragen, aber du hast dich seinem Willen überlassen. Du kennst uns, mein Herr, und du weißt, daß wir nicht so ergeben in den Willen deines Vaters sind wie du. Wir müssen um bestimmte Dinge bitten, damit wir zum Nachdenken kommen, ob das, was wir da erbitten, wirklich gut für uns ist oder ob es nicht besser wäre, daß wir es nicht er-

bitten. Denn wir benehmen uns deinem Vater gegenüber genau so wie auch sonst, wenn man uns etwas anderes gibt, als wir wollten. Da wir einen freien Willen haben, wollen wir das, was der Herr geben will, gar nicht annehmen. Selbst wenn er viel Besseres schenken würde, als wir gewollt und uns gewünscht hatten – wenn wir nicht gleich das erbetene Geld auf der Hand haben, denken wir, wir würden nie reich.

3 O Gott, ist denn unser Glaube so eingeschlafen, daß wir weder das eine noch das andere begreifen, weder wie sicher uns die Strafe noch wie sicher uns der Lohn ist? Deshalb ist es gut, Töchter, daß ihr wißt, was ihr im Vaterunser erbittet, sonst würdet ihr das dort Erbetene zurückweisen, wenn der ewige Vater es euch gibt. Schaut gut hin und überlegt sehr genau, ob das, was ihr erbittet, wirklich gut für euch ist, und wenn nicht, dann bittet auch nicht darum, sondern bittet lieber, daß Seine Majestät euch erleuchte! Wir sind ja so blind, wir empfinden Widerwillen vor den Speisen, die für uns lebensnotwendig sind, und verlangen solche, die uns den Tod bringen – und was für einen gefährlichen Tod, einen Tod auf ewig!

4 Der gütige Jesus lehrt uns nun die Worte sprechen, mit denen wir das Kommen des Reiches erbitten: *»Geheiligt werde dein Name, dein Reich komme!«*
Staunt nur, Töchter, wie groß die Weisheit unseres Meisters ist! Hier bei diesen Worten will ich betrachten, was denn·das ist, das »Reich«. Das zu wissen ist gut. Da Seine Majestät sah, wie wir in unserer Schwachheit den Namen des ewigen Vaters weder richtig heiligen noch

loben, noch preisen, noch verherrlichen können, wenn er uns nicht schon hier auf Erden sein Reich schenkt, stellte der gütige Jesus gleich zwei Bitten nebeneinander. Wir sollen begreifen, Töchter, was diese beiden Bitten zum Inhalt haben und wie wichtig es ist, gerade darum mit Eindringlichkeit zu beten, ja wir sollen einsehen, daß wir alles tun müssen, was wir können, um den Herrn froh zu machen. Darum will ich auch dazu meine Gedanken mitteilen, soweit ich selbst etwas von diesen Worten Jesu verstanden habe. Wenn euch meine Betrachtungen nicht zufriedenstellen, so macht euch eure eigenen! Diese Freiheit wird uns unser Meister geben, wenn wir uns in allem dem unterwerfen, was die Kirche lehrt. Ich mache es hier ja ebenso.

5 Das eigentliche große Gut im Himmelreich, neben vielen anderen, scheint mir dies zu sein: Wir werden nicht mehr auf irdische Dinge setzen. Vielmehr erfüllen uns innere Ruhe und Seligkeit, Freude darüber, daß alle sich freuen, beständiger Friede und eine wunderbare innere Zufriedenheit, die daher kommt, daß ich sehe, wie alle den Herrn heiligen und loben, wie sie seinen Namen preisen und wie niemand Gott beleidigt. Alle lieben ihn, und die Seele selbst weiß nichts anderes, als daß sie ihn liebt, sie kann nicht aufhören, ihn zu lieben, weil sie ihn kennt. Auch wir hier könnten ihn lieben, wenn auch nicht in dieser Vollkommenheit und Beständigkeit. Auf noch ganz andere Weise, als wir es jetzt tun, würden wir ihn lieben, wenn wir ihn schon kennengelernt hätten.

6 Aber müßten wir dann nicht Engel sein, um diese Vaterunser-Bitte richtig beten zu können? Ja, das will

unser göttlicher Meister tatsächlich, sonst hätte er uns doch nicht so große Worte in den Mund gelegt. Und ganz gewiß läßt er uns nicht um Unmögliches bitten. Schon in dieser Verbannungszeit ist es durchaus möglich, mit Gottes Hilfe so beten zu lernen, freilich nicht in der Vollkommenheit, wie sie jene haben, die das Gefängnis des irdischen Lebens bereits verlassen konnten; denn wir befinden uns noch auf dem Meer und sind noch unterwegs. Gelegentlich aber, wenn wir müde sind vom Wandern, läßt der Herr unsere Seelenkräfte still werden und schenkt der Seele eine tiefe Ruhe – Anzeichen, Vorboten, die deutlich erahnen lassen, wie es einmal sein wird, wenn der Herr uns in sein Reich geführt hat. Was er uns schon hier auf Erden gibt, wenn wir es von ihm erbitten, ist wie ein Pfand, das uns in der Erwartung bestärkt, einmal ganz und für immer erfahren zu dürfen, was wir hier nur in kleinen Portionen kosten können.

7 Wenn ihr nichts dagegen hättet, daß ich über die Kontemplation spreche, könnte ich euch an dieser Stelle recht gut etwas über den Beginn der reinen Beschauung sagen, nämlich über das sogenannte »Gebet der Ruhe«. Aber da ich ja ausdrücklich vorhabe, über das mündliche Beten zu sprechen, könnte jemand, der sich in allem noch nicht so recht auskennt, meinen, man müsse das eine vom anderen lieber säuberlich trennen. Ich bin sicher, daß beides sehr wohl zusammengehört. Verzeiht mir daher, wenn ich dennoch darüber spreche. Denn ich weiß, wie gesagt, daß Gott viele Menschen mitten im Verrichten mündlicher Gebete zu hoher Beschauung erhebt, ohne daß sie begreifen, wie das geschieht. Ich kenne eine Frau, die

nie anders als mündlich beten konnte, und doch hat sie darin alles gefunden. Wenn sie nicht mündlich betete, war ihr Geist so zerstreut, daß ihr die Gebetszeit unerträglich wurde. Üben wir uns erst einmal mit solchem Eifer im inneren Beten, wie sie ihre mündlichen Gebete verrichtete! Mit ein paar Vaterunser, die sie mit dem Gedanken daran, daß der Herr sein Blut für uns vergossen hat, betete, und einigen anderen mündlichen Gebeten verbrachte sie mehrere Stunden. Einmal kam sie zu mir, ganz traurig, sie sagte, sie könne nicht innerlich beten, von Kontemplation verstünde sie gar nichts, sie bringe nur mündliche Gebete zustande. Ich fragte sie, was sie denn bete, und stellte fest, daß sie beim Sprechen der Vaterunser zur reinen Kontemplation gefunden und der Herr sie zur Vereinigung mit sich erhoben hatte. Schon an ihren Werken konnte man erkennen, daß sie große Gnaden empfangen haben mußte, sie gestaltete ihr Leben sehr vorbildlich. Ich pries den Herrn und beneidete sie ein wenig um ihr mündliches Gebet. Wenn das wahr ist – und es ist wahr –, dann dürft ihr, die ihr etwas gegen die Kontemplation habt, nicht denken, daß ihr selbst vor der Kontemplation verschont bleibt! Wenn ihr die mündlichen Gebete so verrichtet, wie es sich gehört, und euch ein reines Gewissen bewahrt, werdet ihr genauso zu Kontemplativen!

13. (31.) Kapitel

1 Töchter, ich werde euch also doch das *Gebet der Ruhe* erklären. Ich will euch wenigstens das weitergeben, was ich darüber hörte oder viel mehr, was ich um euretwillen

davon verstehen durfte. Ich sagte ja schon, meiner Meinung nach gibt uns der Herr in diesem Gebetszustand zu erkennen, daß er unser Bitten erhört. Er beginnt gewissermaßen schon, uns sein Reich zu schenken, und zwar hier auf Erden, wohl damit wir ihn in echter Weise loben können, seinen Namen heiligen und uns dafür einsetzen, daß alle dies tun.

2 Was hier geschieht, ist bereits etwas Übernatürliches. Das »Gebet der Ruhe« kann man sich nicht selbst erwerben, mag man sich auch noch so anstrengen. Die Seele ist hier ganz im Frieden, oder besser gesagt, der Herr versetzt sie durch seine Gegenwart in inneren Frieden. So war es auch beim gerechten Simeon. Alle Seelenkräfte kommen zur Ruhe. Die Seele erkennt, und zwar auf eine von der Wahrnehmung durch die äußeren Sinne ganz verschiedene Weise, daß sie schon ganz nahe bei ihrem Gott ist. Sie glaubt, daß nur noch ein klein wenig fehlen kann, um ganz mit ihm eins zu sein. Das sieht sie weder mit den Augen des Leibes noch mit den Augen der Seele. Auch der gerechte Simeon sah ja nicht mehr als das selige, arme Kind. Wie es da eingewickelt war und nur von wenigen Leuten begleitet dahergetragen wurde, hätte er es doch eher für den Sohn armer Leute als für den Sohn des himmlischen Vaters halten müssen. Aber das Kind selber gab sich ihm zu erkennen.
Ähnlich erkennt auch hier die Seele ihren Gott, allerdings nicht mit solcher Klarheit. Sie versteht selber nicht, wie sie ihn erkennt. Sie weiß nur, daß sie in seinem Reich ist – oder doch wenigstens in der Nähe des Königs, der sich ihr da schenkt. Sie hat dabei eine solche Ehrfurcht, daß sie

nicht wagt, um etwas zu bitten. Es ist gleichsam ein inneres und äußeres Ergriffensein, so daß auch der äußere Mensch (damit ihr mich besser versteht: der Leib) sich am liebsten nicht bewegen möchte. Man gleicht einem Wanderer, der schon fast am Ziel seines Weges ist und noch einmal ausruht, um neue Kraft zu schöpfen und gestärkt weiterzugehen.

3 Man empfindet höchstes Wohlgefühl im Leib und tiefe Erfüllung in der Seele – die ist allein schon darüber froh, in der Nähe der Quelle zu sein, so daß sie zufrieden ist, noch bevor sie überhaupt daraus trinkt. Es scheint, als gäbe es Größeres gar nicht mehr zu wünschen. Die Seelenkräfte sind so in Ruhe, daß sie sich nicht rühren möchten. Man hat den Eindruck, als würde jede Bewegung das Lieben stören. Die Seelenkräfte sind natürlich nicht verlorengegangen, sie können jetzt an den denken, in dessen Nähe sie sich befinden. Verstand und Gedächtnis sind nämlich frei. Nur der Wille ist ein Gefangener, und wenn er während dieses Zustandes überhaupt einen Schmerz empfinden kann, so darüber, daß er wieder in die Freiheit zurückkehren muß. Der Verstand möchte nur noch eins anschauen, das Gedächtnis möchte sich nur noch mit einem beschäftigen, weil sie nun wissen, daß nur eines notwendig ist und daß alles Übrige dieses eine nur stört. Wer sich in diesem inneren Zustand befindet, möchte seinen Leib nicht mehr bewegen – aus Sorge, jener Friede könnte verlorengehen. Er wagt sich nicht zu rühren. Auch das Sprechen kostet Mühe. Um das Vaterunser auch nur ein einziges Mal aufzusagen, braucht er eine ganze Stunde. Er weiß sich Gott so nahe, daß er fühlt, wie er sich mit ihm

allein schon durch Zeichen versteht. Er steht im Palast, ganz nahe seinem König, und er sieht, wie dieser damit beginnt, ihm das Reich zu schenken – hier auf Erden. Er meint, nicht mehr in der Welt zu sein, er möchte auch jetzt nichts von ihr sehen oder hören, er möchte nur seinen Gott anschauen. Nichts schmerzt und nichts scheint auch mehr schmerzen zu können. Kurz, solange man sich in diesem Zustand befindet, ist man aufgrund der inneren Zufriedenheit und des leiblichen Wohlgefühls so sehr versunken und in sich vertieft, daß es nichts mehr zu wünschen gibt. Man möchte nur noch mit Petrus sagen: »Herr, laß uns hier drei Hütten bauen!«[18]

4 Nicht selten schenkt Gott im »Gebet der Ruhe« noch eine andere Gnade. Wenn man sie nicht schon oft empfunden hat und noch nicht so erfahren ist, ist sie nur schwer wahrzunehmen. Diejenigen von euch, die wissen, wovon ich spreche, werden sofort verstehen, und es wird ihnen viel Trost geben zu hören, was sich in dieser Gnade verbirgt, zumal ich glaube, daß Gott sie recht häufig schenkt, zusammen mit jenen anderen Gnaden, von denen wir oben gesprochen haben. Wenn die Seele tief in solcher Ruhe ist und dieser innere Zustand über längere Zeit andauert, habe ich das Empfinden, als sei der Wille wie gebunden an etwas. Sonst könnte er doch nicht solange in diesem Frieden verharren. Es kommt sogar vor, daß wir ein oder zwei Tage lang in dieser inneren Erfülltheit einhergehen und uns selbst nicht mehr wiederkennen. Ich meine jetzt diejenigen von uns, die diese Gnade bereits er-

[18] Mt 17,4.

fahren haben. Ja wirklich, sie merken, daß sie nicht so ganz bei dem sind, was sie tun. Sie können ihren Willen nicht daran beteiligen, der – so jedenfalls empfinde ich es – mit seinem Gott vereint ist, während er den anderen Kräften freie Bewegung läßt, damit sie in den äußeren Diensten für Gott tätig sein können. Dazu haben sie dann sogar vielmehr Geschick als sonst. Zur Verrichtung rein weltlicher Dinge stellen sie sich allerdings recht linkisch an, ja manchmal wie dumm.

5   Was der Herr hier gibt, ist ein großes Geschenk, denn aktives und kontemplatives Leben sind nun miteinander verbunden! Gemeinsam dienen die Seelenkräfte ganz und gar dem Herrn. Der Wille geht in seiner Tätigkeit auf, ohne zu wissen, daß und wie er tätig ist, er ist ganz der Kontemplation, der liebenden Schau hingegeben. Die beiden anderen Seelenkräfte übernehmen indessen den Dienst der Martha. Martha und Maria sind also beisammen.[19]
Ich kenne eine Frau[20], die der Herr des öfteren in diesen Zustand versetzte. Da sie nicht begreifen konnte, was in ihr vorgeht, fragte sie einen sehr kontemplativen Menschen um Rat. Der sagte ihr, daß es solche inneren Erfahrungen durchaus gäbe und daß er sie ebenfalls kenne. So glaube ich, daß der Wille – während die Seele im »Gebet der Ruhe« ganz in Frieden ist – beständiger mit dem vereint sein muß, der allein ihn erfüllen kann.

[19] Vgl. Lk 10,38–42.
[20] Teresa selbst.

6   Es scheint mir angebracht, Schwestern, denjenigen unter euch noch einige Hinweise zu geben, die der Herr – rein aus Güte – schon in das »Gebet der Ruhe« eingeführt hat. Denn ich weiß, daß dies mehrere sind. Als erstes möchte ich auf eine typische Versuchung aufmerksam machen: Wenn man diese friedvolle Ruhe in sich erfährt, ohne daß man weiß, woher sie eigentlich stammt – wenigstens soviel weiß man, daß sie nicht aus eigener Kraft heraus machbar ist –, kann man auf den Gedanken kommen, diesen Zustand festzuhalten. Man möchte dann nicht einmal Atem holen. Das ist Dummheit, denn so wenig wir bewirken können, daß es Tag wird, so wenig können wir auch verhindern, daß die Nacht anbricht. Dieser innere Zustand ist nicht unser Werk. Hier geschieht etwas Übernatürliches, das völlig außerhalb unserer Macht steht. Das einzige Mittel, dieses Geschenk andauern zu lassen, ist die klare Erkenntnis, daß wir weder etwas davon wegnehmen noch etwas hinzufügen können; wir sollen es dankbar und im Bewußtsein unserer Unwürdigkeit annehmen – und zwar ohne viele Worte zu machen, sondern nur, indem wir unsere Augen zum Herrn erheben, wie es der Zöllner getan hat.

7   Gut ist es immer, sich um größere Einsamkeit zu bemühen. Dadurch gibt man dem Herrn Raum und ermöglicht Seiner Majestät, in der Seele wie in seinem Eigentum zu schalten und zu walten. Wenn überhaupt, so kann man von Zeit zu Zeit ein Wort zu Hilfe nehmen, und zwar so, wie wenn man sehr vorsichtig in die erlöschende Flamme einer Kerze bläst, um sie wieder zu entfachen. Wenn aber die Kerze noch brennt, würde das Blasen nur

bewirken, daß die Flamme erlischt, so meine ich jedenfalls. Wie gesagt, das Anblasen muß sehr vorsichtig geschehen, weil das Zurechtlegen vieler Worte im Verstand den Willen stören kann.

8   Merkt euch auch diesen Rat gut, meine Freundinnen, denn ihr werdet häufig feststellen, daß ihr der beiden anderen Seelenkräfte – Verstand und Gedächtnis – nicht recht Herr werden könnt. Es kommt vor, daß die Seele von tiefster Ruhe erfüllt ist, während der Verstand so zerstreut ist, daß man meinen möchte, er merke nicht, was in seinem Haus geschieht. Er benimmt sich, als sei er Gast, als sei ihm das Haus fremd. Weil er wenig davon versteht, wie man beständig an einem Ort bleiben kann, sucht er nach einer anderen Wohnung, denn sein Haus behagt ihm nicht. Vielleicht ist das nur bei mir so, bei anderen muß es nicht so sein. Ich rede von mir. Schon manchmal wollte ich am liebsten sterben, weil ich dieses ständige Hin und Her der Gedanken nicht abstellen konnte. – Es kommt aber auch vor, daß sich der Verstand in seinem Hause niederläßt; dann leistet er dem Willen sogar Gesellschaft. Es ist eine wahre Seligkeit, wenn alle drei Kräfte sich einig sind! Sie sind dann wie zwei Eheleute, die einander lieben: der eine will das, was der andere will. Und umgekehrt: Welchen Unfrieden bereitet ein Mann seiner Frau, wenn er unglücklich verheiratet ist! – Der Wille soll daher, wenn er diese innere Ruhe erfährt, gar nicht so sehr auf den Verstand achten und in ihm nicht mehr als einen Narren sehen. Denn versucht er ihn mit sich zu ziehen, muß er sich anstrengen und wird unweigerlich in der Ruhe gestört. In diesem Zustand des Gebetes wäre alles nur noch

Arbeit und Mühe, nichts mehr Gewinn, ja man würde das noch verlieren, was der Herr dem Willen ohne eigenes Bemühen geschenkt hat.

9 Hört euch folgenden Vergleich an, meiner Meinung nach paßt er hierher sehr gut: Die Seele ist wie ein Kind an der Brust seiner Mutter. Ohne daß es sich anstrengen müßte, nimmt es die Mutter an sich und läßt es trinken, um es mit der Milch zu erquicken. Geradeso ist es im »Gebet der Ruhe«: Ohne daß der Verstand sich anstrengen müßte, ist der Wille von Liebe erfüllt. Der Herr will hier, daß der Beter seine Gegenwart erkennt, ohne nachdenken zu müssen. Er soll nur die Milch trinken, die Seine Majestät ihm reicht, und sich an ihrer Süßigkeit laben. Er soll erkennen, daß dieses Geschenk vom Herrn ist, und sich freuen, daß er sich daran erfreuen darf. Er sucht nicht zu ergründen, woran er sich erfreut, er denkt auch nicht darüber nach, wie das alles in ihm geschieht. Er vergißt sich selbst, denn der Eine, der ihm so nahe ist, wird nicht vergessen, für alles zu sorgen, was gut für ihn ist. Würde sich der Wille mit dem Verstand auf einen Kampf einlassen, um ihn mitzuziehen und an seiner Freude teilnehmen zu lassen, wird ihm das nicht gelingen. Er würde die Milch, die göttliche Nahrung, aus dem Munde verlieren.

10 Darin unterscheidet sich das »Gebet der Ruhe« von jenem Gebet, bei dem die Seele ganz mit Gott vereinigt ist. Denn hier muß sie die Nahrung nicht einmal schlucken, der Herr legt sie in ihr Inneres, ohne daß sie versteht, wie. Im »Gebet der Ruhe« aber will der Herr wohl, daß sie sich auch ein wenig anstrengt. Das geschieht aber in solcher

Ruhe, daß die Mühe kaum spürbar ist. Der Störenfried der Seele ist dagegen der Verstand, solange nicht alle drei Seelenkräfte zur Einheit gelangt sind, weil der, der sie erschaffen hat, ihre Tätigkeit aufhebt. Denn die Seligkeit, die er ihnen schenkt, ohne daß sie wüßten und verstehen könnten, wie ihnen geschieht, beschäftigt sie ganz und gar.

Das »Gebet der Ruhe« äußert sich also darin, daß der Mensch in seinem Inneren eine tiefe Freude, eine Ruhe, einen Frieden des Willens erfährt, ohne daß er genau bestimmten könnte, was dies alles eigentlich ist. Mit Bestimmtheit kann er nur sagen, was er da erfährt, ist gänzlich verschieden von allen Freuden dieser Welt, selbst die Herrschaft über die Welt und der Genuß aller ihrer Freuden könnten ihm nicht die Erfüllung schenken, die die Seele hier empfindet. Ich selber habe den Eindruck, als würden die Freuden des Lebens nur vom Äußeren des Willens verkostet, als berührten sie sozusagen nur seine äußere Schale.

Erfährt man sich also auf dieser hohen Gebetsstufe, die, wie gesagt, ganz offensichtlich übernatürlich ist, und geht der Verstand, beziehungsweise gehen die Gedanken – um mich deutlicher auszudrücken – dabei den größten Unsinnigkeiten nach, so soll man nur über sie lachen wie über einen Narren. Der Wille wird in der Ruhe verharren. Wie die Gedanken gekommen sind, so werden sie auch wieder gehen. Denn hier führt der Wille ohnehin das Regiment, er wird den Verstand an sich ziehen, ohne daß ihr euch eigens darum bemühen müßtet. Würde der Wille die Gedanken mit Gewalt an sich zu fesseln versuchen, würde er nur die Kraft verlieren, die er durch Aufnahme und Genuß jener göttlichen Nahrung bekommen hatte. Weder der Wille noch der Verstand würden dabei etwas gewinnen, beide würden nur verlieren! Man sagt: „Wer zu viel auf einmal nimmt, verliert alles." So ist es wohl auch hier.

Die Erfahrung wird euch das alles lehren, und wem diese noch fehlt, bei dem erstaunt es mich gar nicht, wenn ihm vieles sehr unklar bleibt und manches sogar unnütz vorkommt. Aber ich sagte euch ja schon: Wer wenigstens ein bißchen Erfahrung in den inneren Dingen machen konnte, der wird das hier Gesagte verstehen und Nutzen daraus ziehen können; er wird den Herrn preisen, daß er mich dafür hat Worte finden lassen.

II   Wir wollen diese Gedanken nun abschließen. Wer in seiner Seele das »Gebet der Ruhe« erfährt, der wird den Eindruck haben, daß ihm der ewige Vater damit den Wunsch erfüllt hat, ihm schon hier auf Erden sein Reich zu schenken. Was sind das nur für Worte, mit denen wir um eine so große Kostbarkeit bitten, ohne das alles recht begreifen zu können! Welche wunderbare Art zu beten! – Seht, Schwestern, aus diesem Grunde möchte ich, daß wir darauf achten, wie wir das Vaterunser und alle übrigen mündlichen Gebete verrichten. Wenn Gott uns solche Gnaden gibt, dürfen wir uns um die Dinge der Welt nicht mehr so sorgen, denn wohin der Herr der Welt kommt, dort wirft er alles andere hinaus. Damit sage ich nicht, daß alle, die diese Gebetsgnaden erfahren, zwangsläufig schon von allem, was die Welt bietet, losgelöst seien. Ich sage nur, daß sie immerhin begreifen möchten, was ihnen fehlt, daß sie sich verdemütigen und versuchen, den Weg der Losschälung von allem einzuschlagen; sonst würden sie stehenbleiben.

Wenn Gott einem Menschen solche Gaben schenkt, ist das ein Zeichen dafür, daß er noch viel mit ihm vorhat. Wer nicht durch eigene Schuld zurückbleibt, wird gute Fortschritte machen. Wenn Gott aber sieht, daß einer, dem er das Himmelreich ins Haus gebracht hat, sich wieder der Erde zuwendet, dann wird er ihm nicht nur die Geheimnisse des Reiches verschließen; es wird obendrein seltener werden und immer nur für einen kurzen Augenblick geschehen, daß er ihm seine Zuwendung auf diese Weise schenkt.

12 Es kann sein, daß ich mich hierin täusche. Aber ich erlebe es doch, ich weiß, daß es so ist. Meines Erachtens liegt hier auch die Ursache dafür, daß es so wenige geistliche Menschen gibt. Man antwortet und dient im allgemeinen dem Herrn nicht so, wie es seinen Gaben entspricht. Man bereitet sich nicht darauf vor, diese Gnaden immer wieder neu zu empfangen, sondern man nimmt dem Herrn den Willen wieder aus der Hand, der ihn schon in Besitz genommen hatte, und wendet ihn niederen Dingen zu. Dann sucht der Herr anderswo nach Menschen, die ihn lieben, um sie mehr als jene zu beschenken. Immerhin nimmt er einem nicht ganz, was er geschenkt hat, wenn man nur mit reinem Gewissen lebt.

Andererseits gibt es Menschen – zu denen gehörte ich auch –, die rührt der Herr tief innerlich an, er schenkt ihnen heilige Eingebungen und Erleuchtungen über den wahren Sinn und Wert aller Dinge, ja er beschenkt sie sogar mit seinem Reich, indem er sie in das »Gebet der Ruhe« führt – und sie benehmen sich dennoch wie taub! Sie sind so darauf eingestellt, einen Gebetstext an den anderen zu reihen – und das in beachtlicher Geschwindigkeit, wie einer, der ein Pensum hinter sich bringen will. Weil sie schon von sich her täglich eine entsprechende Anzahl von Gebeten zu verrichten haben, nehmen sie nichts mehr an, selbst wenn der Herr ihnen, wie gesagt, sein Reich in ihre Hände legt. Sie meinen, besser zu handeln, wenn sie ihre Gebete verrichten. Die angebotenen Gnaden weisen sie ab und fallen ihren vielen Zerstreuungen anheim.

13 Macht ihr es nicht so, Schwestern! Schaut hin, wenn der Herr euch dieses Geschenk anbietet! Seht, was für einen großen Schatz ihr sonst aufs Spiel setzen würdet! Ihr tut doch viel mehr, wenn ihr von Zeit zu Zeit ein einziges Wort des Vaterunsers sagt, als wenn ihr es viele Male schnell heruntersprecht. Er, zu dem ihr betet, ist euch ganz nahe, er wird euch nicht sein Ohr verschließen. Glaubt mir, darin besteht der wahre Lobpreis Gottes und die wahre Heiligung seines Namens! Denn so verherrlicht ihr den Herrn als Mitbewohner seines Hauses, ihr preist ihn mit innigerer Liebe und tieferer Sehnsucht, und ihr merkt dann, daß ihr gar nicht mehr anders könnt, als ihm zu dienen.

14. (32.) *Kapitel*

1 Unser guter Meister hat etwas so Kostbares erbeten und uns darin unterwiesen, es selber zu erbitten: etwas, das alles in sich schließt, was wir uns auf Erden nur wünschen können! Darüber hinaus hat er uns zu seinen Brüdern gemacht. Da müssen wir überlegen, was ihm gefallen würde, daß wir es seinem Vater schenken. Beobachten wir, was er ihm schenkt und um was er ihn für uns bittet. Denn es ist doch nur recht und billig, daß wir ihm für solche großen Gnaden wenigstens mit kleinen Diensten danken. Guter Jesus! Es ist nicht wenig, was du gibst. Was dagegen von unserer Seite kommt – du bittest ja für uns! –, ist geradezu nichts im Verhältnis zur Größe des Herrn und zu dem, was wir ihm schulden. Aber sicher ist, mein Herr, daß du uns nicht mit Nichts dastehen läßt. Du fühlst dich beschenkt, wenn wir geben, was wir vermögen und wenn wir es im Geist der Worte geben, die wir nun sprechen:

2 *»Dein Wille geschehe, wie im Himmel so auf Erden.«* Gut hast du das gemacht, du unser guter Meister, daß du die Bitte um das Reich dieser Bitte vorangestellt hast. Wie sollten wir sonst erfüllen können, was du dem Vater in unserem Namen versprichst? Ganz sicher, Herr, es wäre unmöglich! Aber weil uns dein Vater auf deine Bitte hin

schon jetzt sein Reich schenkt, werden wir deine Worte wahrmachen, indem wir ihm das geben, was du für uns gibst. Denn wenn einmal die Erde zum Himmel geworden ist, dann kann dein Wille in mir geschehen. Sonst wüßte ich nicht, Herr, wie es möglich sein sollte – vor allem, wenn die Erde so schlecht und so unfruchtbar ist wie die meine. Es ist sehr viel, was du anbietest!

3   Wenn ich in diesem Zusammenhang daran denke, daß es Leute gibt, die sich nicht getrauen, den Herrn um Leiden zu bitten, weil sie fürchten, er könnte sie sogleich erhören, dann muß ich lächeln! Ich rede hier nicht von denen, die es aus Demut nicht tun, weil sie glauben, sie seien nicht in der Lage, Leiden zu ertragen. Allerdings bin ich überzeugt, daß diejenigen, die der Herr mit solcher Liebe erfüllt, daß sie um so etwas Schweres bitten, um ihm ihre Liebe zu beweisen, auch das Nötige von ihm erhalten werden, damit sie das Leid ertragen können. Ich möchte jene fragen, die aus Furcht, sie könnten dann erhört werden, nicht um Prüfungen bitten, was sie denn tun, wenn sie im Vaterunser beten, sein Wille möge an ihnen geschehen. Sagen sie das nur, um es eben zu sagen, wie die meisten, ohne danach handeln zu wollen? Schwestern, das wäre nicht gut! Seht, der gute Jesus erscheint hier als unser Botschafter; er will zwischen uns und seinem Vater vermitteln: das ist ihm schon teuer zu stehen gekommen! Es wäre einfach nicht recht, wenn wir unsererseits nicht verwirklichen, was er dem Vater in unserem Namen angeboten hat – oder wir dürfen das Vaterunser nicht beten!

4   Ich möchte es euch noch anders erklären. Seht, Töchter, der Wille Gottes wird sich doch erfüllen, ob wir nun wollen oder nicht. Sein Wille wird geschehen, wie im Himmel so auf Erden! Glaubt mir, nehmt meinen Rat an, macht aus der Not eine Tugend!

O mein Herr, es ist mir ein großer Trost, daß du die Erfüllung deines Willens nicht von einem so erbärmlichen Willen wie dem meinen abhängig machst! Sei dafür gepriesen in Ewigkeit! Alles soll dich loben! Verherrlicht werde dein Name immer und ewig! Schön würde ich dastehen, wenn es in meiner Hand läge, ob dein Wille erfüllt wird oder nicht! – Heute schenke ich dir meinen Willen, und zwar freiwillig, zumal ich es bislang noch nicht wirklich frei von jedem Eigennutz getan habe. Doch inzwischen habe ich es erprobt und weiß aus reicher Erfahrung, welchen Gewinn es bringt, wenn ich aus freien Stücken meinen Willen dem deinen überlasse.

Meine Freundinnen, man kann dadurch nur gewinnen! Wieviel geht uns dadurch verloren, daß wir nicht verwirklichen, was wir dem Herrn im Vaterunser anbieten!

5   Bevor ich nun davon spreche, was es hier zu gewinnen gibt, will ich euch also zunächst erklären, was ihr mit dieser Vaterunser-Bitte Gott eigentlich sagt. Denn ihr sollt euch später nicht damit herausreden können, es läge ein Mißverständnis vor und ihr hättet es nicht richtig verstanden. Das wäre dann so wie bei manchen Ordensfrauen, die zwar ihre Gelübde machen, sich aber dann, wenn sie ihr Versprechen nicht verwirklichen können, damit entschuldigen, sie hätten damals nicht verstanden, was sie versprochen haben. Das mag ja sein, denn es ist

leicht zu sagen: Ich überlasse meinen Willen dem Willen eines anderen. Erst die Erfahrung lehrt, daß gerade dies das Schwerste ist, was das Leben uns abverlangt – zumindest wenn man seine Gelübde so verwirklichen will, wie es eigentlich sein sollte. Die Oberen behandeln uns nicht immer mit Strenge, wenn sie sehen, daß einer hier seinen schwachen Punkt hat. Bei anderen Gelegenheiten müssen sie freilich Schwache und Starke auf die gleiche Weise behandeln. Hier aber steht die Sache anders! – Der Herr weiß, was jeder einzelne tragen kann, aber er zögert auch nicht, seinen Willen in jedem zu erfüllen, bei dem er die Kraft dazu findet.

6 Ich will euch darum sagen – oder in Erinnerung rufen –, was der Wille des Vaters ist. Ihr braucht keine Angst zu haben, daß es sein Wille sein könnte, euch Reichtum, Vergnügen, Ehre oder all diese vergänglichen Dinge zu geben. Sowenig liebt er euch nicht! Er schätzt sehr hoch, was ihr ihm gebt, und er will euch dafür gut bezahlen. Sein Wille ist es, euch schon in diesem Leben sein Reich zu schenken! Wollt ihr wissen, wie er sich gegenüber denen verhält, die ehrlich zu ihm sagen: »Dein Wille geschehe?« Dann fragt seinen glorreichen Sohn, der diese Worte sprach, als er im Ölgarten betete. Als er sie mit aller Entschlossenheit aussprach, mit ganzem Willen, seht, da konnte der Vater seinen Willen vollkommen an ihm erfüllen: Er ließ Leiden und Schmerzen zu, Schmähung und Verfolgung und schließlich den Tod am Kreuz. Nun wißt ihr also, Töchter, was er dem gab, den er am meisten liebte. Daraus könnt ihr erkennen, was sein Wille ist! Ja, so sind in dieser Welt seine Geschenke! Er gibt sie nach dem

Maß der Liebe, die er zu uns hat. Denen, die er mehr liebt, gibt er mehr davon, und denen, die er weniger liebt, gibt er weniger, – je nachdem, wieviel Mut er bei einem jeden vorfindet und wie groß die Liebe ist, die wir Seiner Majestät erweisen. Wer ihn sehr liebt, dem traut er zu, daß er auch viel für ihn leiden kann; und wer ihn nur wenig liebt, dem kann er auch nicht viel Leidenskraft zumuten. Meiner Meinung nach ist das Maß dafür, ob einer ein großes oder ein kleines Kreuz tragen kann, die Liebe. Wenn ihr ihn also liebt, Schwestern, dann achtet darauf, daß die Worte, die ihr an einen so großen Herrn richtet, nicht leere Floskeln sind! Ermutigt euch, auch zu leiden, wenn Seine Majestät es will! Denn wenn ihr ihm nicht auch dann euren Willen schenkt, würdet ihr mit Gott umgehen wie einer, der jemandem einen Edelstein zeigt, den er ihm schenken möchte, und ihm sagt: »Dieser Edelstein gehört dir, bitte nimm ihn!«, ihn aber in dem Augenblick wieder zurückzieht und lieber für sich behält, wo jener die Hand ausstreckt, um ihn entgegenzunehmen.

7   Man kann doch nicht Spott mit dem Herrn treiben! Er hat bereits so viel Spott für uns erlitten, und allein das wäre Grund genug, es nicht noch weiterhin zu tun! Mit dem Vaterunser, das wir ja nicht selten sprechen, tun wir es aber immer und immer wieder! Schenken wir ihm doch ein für allemal den Edelstein, den wir ihm schon so oft angeboten haben! Muß er wirklich zuerst uns geben, damit wir bereit sind, ihm zu schenken? Die in der Welt leben, tun genug, wenn sie ehrlich entschlossen sind, seinen Willen zu erfüllen. Unser Reden und Tun, Töchter, unsre Worte und unsre Werke müssen übereinstimmen, wenn wir in Wahrheit als

Ordensleute leben wollen. Bei uns wäre es ja sonst sogar so, daß wir dem Herrn den Edelstein nicht nur anbieten, sondern ihn bereits in seine Hand gelegt haben und ihn dann wieder zurücknehmen. Schnell sind wir freigebig, dann aber wieder so kleinlich, daß es teilweise besser gewesen wäre, wir hätten mit dem Geben noch gewartet.

8 Alles, was ich euch in diesem Buch ans Herz gelegt habe, läuft letztlich auf das eine hinaus: daß wir uns ganz dem Schöpfer schenken, unseren Willen in den seinen legen und frei werden von den Geschöpfen. Wie wichtig das ist, wißt ihr bereits. Darum will ich mich nicht weiter darüber verbreiten, sondern werde nun darüber sprechen, warum unser guter Meister die Worte »Dein Wille geschehe, wie im Himmel so auf Erden« an diese Stelle gesetzt hat. Er tat es, weil er weiß, wieviel wir gewinnen, wenn wir seinem ewigen Vater den Dienst erweisen, seinen Willen zu erfüllen. Denn dadurch wird in uns die Voraussetzung dafür geschaffen, in sehr kurzer Zeit das Ziel des Weges zu erreichen und das lebendige Wasser aus der Quelle zu trinken, wovon ich schon gesprochen habe. Wenn wir unseren Willen nicht ganz dem Herrn überlassen, damit er in allem, was uns angeht, nach seinem Willen handeln kann, wird er uns niemals daraus trinken lassen. Das Wasser ist die vollkommene Kontemplation, über die zu schreiben ihr mir aufgetragen habt.

9 In der vollkommenen Kontemplation tun wir von unserer Seite her gar nichts; ich habe ja schon darüber geschrieben. Weder besondere Anstrengungen sind nötig noch sonst irgend etwas. All das stört und hindert hier nur.

Wir brauchen lediglich zu sagen: »Fiat voluntas tua, dein Wille, Herr, verwirkliche sich an mir, und zwar auf jede Art und Weise, die dir, mein Herr, lieb ist! Willst du, daß es durch Leiden geschieht, dann gib mir Kraft, und sie mögen kommen! Willst du, daß es durch Verfolgung, Krankheiten, Entehrungen und Entbehrungen geschieht: hier bin ich! Ich werde mich nicht abwenden, mein Vater. Es wäre nicht recht, solchem Leiden den Rücken zu kehren. Dein Sohn hat dir den Willen aller und damit auch meinen Willen geschenkt. Da wäre es nicht recht, wenn ich zurückstehe. Ich bitte dich nur um die Gnade, daß du mir das Reich schenkst, um das er dich für mich gebeten hat. Dann kann ich deinen Willen erfüllen. Verfüge über mich ganz so, wie du es möchtest, betrachte mich als dein Eigentum.«

10 Meine Schwestern, welche Kraft liegt in dieser Gabe! Sie bewirkt nichts Geringeres, als daß sie den Allmächtigen antreibt, mit unserer Niedrigkeit eins zu werden, uns in ihn zu verwandeln und die Einheit zu schaffen zwischen Schöpfer und Geschöpf; nur müssen wir mit der nötigen Entschlossenheit vorgehen. – Da seht ihr, wie reich ihr belohnt werdet und was für einen guten Lehrmeister ihr habt! Weil er weiß, wodurch sich der Vater zu solchen Gaben bewegen läßt, zeigt er uns, wie und womit wir ihm entgegenkommen müssen.

11 Je mehr an unserem Tun erkennbar wird, daß wir nicht aus frommer Höflichkeit nur leere Worte gemacht haben, um so mehr zieht der Herr uns zu sich, befreit die Seele aus den Bindungen an das Irdische und an uns selber

und bereitet uns darauf vor, daß wir noch größere Geschenke entgegennehmen können – denn er hört ja nicht auf, uns bereits in diesem Leben unsere Hingabe zu belohnen. Er schätzt sie so hoch, daß er uns Gnaden schenken will, um die wir gar nicht wissen und die wir daher auch gar nicht erbitten können. Seine Majestät wird niemals müde zu schenken. Er ist nicht zufrieden damit, die Seele mit sich eins gemacht zu haben. So beginnt er, gemeinsam mit ihr seine Freude zu finden; er teilt ihr seine Geheimnisse mit; er hat seine Freude daran, wenn sie begreift, was sie gewonnen hat, und wenn sie etwas davon ahnt, was er für sie bereithält. Er bewirkt, daß die äußeren Sinne ihre Tätigkeit einstellen, damit nichts mehr ablenken kann. Diesen Seelenzustand nennt man »Verzückung«. Der Herr beginnt in einer so tiefen Freundschaft mit der Seele zu verkehren, daß er ihr nicht nur ihren Willen zurückgibt, sondern ihr auch noch den seinen dazuschenkt. In einer solchen Freundschaft ist es die Freude des Herrn, die Herrschaft mit der Seele zu teilen: Er tut, worum sie ihn bittet, da sie seinen Willen tut; und er erfüllt ihren Willen weit besser, als sie selbst es könnte, denn er hat die Macht, alles zu tun, was er will, und nie hört er auf, es zu wollen.

12   Die arme Seele dagegen mag noch so viel Willen haben, sie kann nicht tun, was sie will. Sie kann auch nichts geben, außer dem, was ihr gegeben wurde. Und gerade das ist ihr größter Reichtum. Je mehr sie dient, um so mehr macht sie Schulden. Immer wieder grämt es sie, so vielen Schwierigkeiten und Hindernissen ausgeliefert und so sehr an diese gefesselt zu sein, wie es die Gefangenschaft

im Leib nun einmal mit sich bringt. Und dabei möchte sie doch – wenigstens in etwa! – ihre Schulden abtragen! Sich so zu grämen ist einfach töricht. Denn auch wenn wir alles tun, was in unseren Kräften liegt – was können wir denn dem Herrn zurückerstatten? Bedenkt, daß wir, wie gesagt, nichts zu geben haben, wenn wir es nicht erhalten! Es bleibt uns nichts, aber auch gar nichts anderes, als daß wir uns selbst erkennen und das tun, was wir tun können, nämlich ihm unseren Willen zu schenken und zwar vollständig. Alles andere wird einem Menschen, den der Herr bis hierher geführt hat, nur zum Hindernis, bringt Schaden statt Nutzen. Nur die Demut ist es, die hier etwas ausrichten kann, Demut, die nicht als Frucht der Gedankenarbeit erworben wurde, sondern als Wahrheit einleuchtet, indem man in einem einzigen Augenblick begreifen darf, was man in langer Zeit durch angestrengtes Mühen der Gedanken nicht hätte erfassen können: wie nichtig wir sind und wie groß Gott ist.

13   Ich gebe euch einen guten Rat: Denkt niemals, ihr könntet aus eigener Kraft und durch eigenes Bemühen hierher gelangen. Dieser Zustand liegt außerhalb eurer Möglichkeiten.
Wenn ihr versucht, ihn zu erreichen, würde die Andacht, die ihr habt, kalt werden. Sprecht vielmehr in Schlichtheit und Demut, die alles erreichen:
»Fiat voluntas tua!«

15. (33.) *Kapitel*

1 Jesus versteht, wie schwierig das für uns ist, was er in unserem Namen dem Vater anbietet. Er kennt unsere Schwachheit. Er weiß auch, daß wir uns gern selber etwas vormachen und meinen, wir wüßten nicht, was der Wille Gottes sei. Wie sind wir schwach, und wie groß ist sein Mitleid und Erbarmen! Er sieht, daß wir Hilfe brauchen. Wenn wir versagen und nicht geben, was er für uns gegeben hat – dann wäre das in keiner Weise zu unserem Heil, denn in der Hingabe an den Vater liegt doch unser ganzes Glück! Er sah, wie schwer es ist, den Willen des Vaters zu tun. Sagt einem Reichen, es sei Gottes Wille, daß er bei Tisch Maß halten solle, damit andere, die vor Hunger sterben, wenigstens Brot zu essen haben – er wird tausend vernünftige Argumente finden, damit er eure Worte zu seinen Gunsten deuten und beiseite schieben kann. Sagt einem Menschen, der einen anderen nicht ausstehen kann, es sei Gottes Wille, seinen Nächsten so zu lieben, wie sich selbst: Er wird euch nicht einmal ruhig zuhören; kein Argument wird es geben, das ihn überzeugen könnte. Sagt einem Ordensmann, der sich viele Freiheiten und Annehmlichkeiten eingeräumt hat, daß er die Pflicht habe, ein gutes Beispiel zu geben; sagt ihm, er möge bedenken, daß er das, was er einst versprochen und gelobt

hat, noch nicht dadurch erfüllt, daß er die Worte des Vaterunsers aufsagt; sagt ihm, es sei Gottes Wille, daß er nach seinen Gelübden lebt; sagt ihm, er möge doch bedenken, daß er bereits dann schwer gegen die Gelübde verstößt, wenn er Ärgernis gibt, selbst wenn er sie nicht direkt bricht; sagt ihm, er habe Armut gelobt und müsse doch entsprechend leben, ohne sich und andere zu täuschen, denn dies sei der Wille Gottes: Ihr werdet nicht einmal erreichen, daß auch nur einige, denen ihr das sagt, sich zu ändern versuchen, selbst nachdem ihr all das vorgebracht hättet. Was würde geschehen, wenn der Herr uns nicht zu Hilfe gekommen wäre mit dem Heilmittel, das er gab? Nur sehr wenige würden das »Fiat voluntas tua!« verwirklichen, das Wort, das er in unserem Namen dem Vater gegeben hat!

Weil Jesus also unsere Hilfsbedürftigkeit sah, ersann er ein bewundernswertes Mittel , durch das er uns obendrein noch zeigen konnte, daß seine Liebe zu uns bis zum Äußersten geht. Er sprach vor dem Vater in seinem Namen und im Namen seiner Brüder diese Bitte aus: *»Vater, gib uns heute unser tägliches Brot.«* Bei der Liebe Gottes! – begreift doch, Schwestern, was unser guter Meister hier tut! Über diese Worte dürft ihr nicht einfach in Eile hinweggehen, an ihnen hängt ja unser ganzes Leben! Alles, was ihr bisher Gott gegeben habt, ist so gut wie nichts im Vergleich zu dem, was ihr nun von ihm erhalten sollt!

2 Vielleicht können andere diesen Satz besser auslegen, ich jedenfalls habe folgende Erklärung: Jesus sah, was er in unserem Namen versprochen hatte, und er wußte, wie

wichtig es für uns ist, daß wir dieses Versprechen in der vollkommenen Hingabe an den Vater einlösen. Er sah auch, wie schwer wir uns damit tun aufgrund unserer schwachen Natur, unserer Neigung zum Niedrigen, unserer geringen Liebe und unseres Kleinmuts. Da hielt er es für notwendig, uns aufzumuntern und uns Mut zu machen, und zwar dadurch, daß wir seine Liebe an uns erfahren sollten, nicht nur einmal, sondern Tag für Tag aufs neue. So entschloß er sich, für immer bei uns zu sein. – Weil aber dieser Plan von ungeheurer Größe und Bedeutung war, wollte er, daß die Hand seines ewigen Vaters ihn ausführe. Er und der Vater sind zwar eins, und Jesus wußte, daß alles, was er auf Erden tun würde, auch der Vater im Himmel tun und gutheißen würde – sein Wille und der Wille seines Vaters sind ja gleich –, aber die Demut des guten Jesus war so groß, daß er seinen Vater um Erlaubnis bitten wollte. Er wußte zwar, daß der Vater ihn liebt und seine Freude an ihm hat. Mit dieser Bitte aber, das war ihm vollkommen klar, überstieg er alles, worum er ihn je gebeten hatte. Denn er sah ja voraus, wie man dem Vater die Erfüllung dieses Wunsches danken würde, er wußte doch schon um all die Kränkungen und Schmähungen, die er würde erleiden müssen.

3 Wo gibt es einen Vater, mein Herr, der seine Zustimmung geben würde, wenn sein Sohn (und was für ein Sohn!), den er uns geschenkt hat und den wir so verwerflich behandelt haben, ihn bittet, auch weiterhin unter uns bleiben zu dürfen, um aufs neue zu leiden? Du fändest mit Sicherheit keinen, Herr, – außer deinem. Du wußtest gut, an wen du deine Bitte richtest!

O mein Gott, wie groß ist die Liebe des Sohnes, und wie groß ist die Liebe des Vaters! Ich staune weniger über den guten Jesus. Er hatte ja gesagt: »Fiat voluntas tua!« Er hat nur als der, der er ist, verwirklicht, was er versprochen hat. Ja, er ist nicht wie wir! Weil er wußte, daß er den Willen des Vaters erfüllt, wenn er uns liebt wie sich selbst, suchte er nach einer Möglichkeit, dieses Gebot auf die vollkommenste Weise zu verwirklichen, selbst wenn es auf eigene Kosten sein sollte! Aber du, ewiger Vater, wie konntest *du* die Zustimmung dazu geben? Warum willst du Tag für Tag zuschauen, wie dein Sohn den bösen Händen der Menschen ausgeliefert ist? Du hattest ihn doch schon einmal in unsere Hände gegeben, und du weißt doch, wie man ihn zugerichtet hat! Wie kannst du mit deinem so liebenden, gütigen Herzen zuschauen, wenn er Tag für Tag, ja wirklich: Tag für Tag, beleidigt wird? Wieviel Ehrfurchtlosigkeit muß er heute im Heiligsten Sakrament ertragen! – In Händen so vieler Feinde muß der Vater ihn sehen! Was muß er an Entehrungen allein durch diese Irrlehrer hinnehmen!

4 O ewiger Gott, wie konntest du deinem Sohn eine solche Bitte erfüllen? Warum hast du dazu deine Zustimmung gegeben? Schau doch nicht auf seine Liebe! Um an unserer Statt in allem deinen Willen zu tun, würde er sich täglich zerstückeln lassen! Es ist *deine* Pflicht, auf ihn achtzugeben, mein Gott! Deinen Sohn hält ja nichts zurück! Warum muß denn unser Heil immer nur auf seine Kosten erworben werden? Weil er zu allem schweigt? Weil er für sich selbst nicht zu reden versteht, sondern sich immer nur für uns einsetzt? Gibt es denn niemanden, der für dieses Lamm der Liebe seinen Mund auftut?

Ich habe mich darüber gewundert, wieso der Herr in dieser Bitte das gleiche zweimal sagt: Zuerst bittet er den Vater, er möge uns doch dieses Brot *»täglich«* geben, und dann fügt er hinzu: »Gibt es uns *heute*, Herr!« Da es sich hierbei ja auch um seine eigene Bitte an den Vater handelt, ist das wohl so zu verstehen, daß er ihm sagen will: Du hast mich ihnen schon einmal geschenkt, damit ich für sie sterbe, ich gehöre ihnen also bereits, so nimm mich ihnen nicht mehr fort, damit ich bei ihnen bleibe bis zum Ende der Welt, und erlaube mir, daß ich ihnen täglich, an allen Tagen ihres Lebens diene. – Laßt solche Worte in euer Herz hinein, meine Töchter, damit ihr euren Bräutigam noch mehr liebt. Wo gibt es denn einen Sklaven, der gern eingesteht, daß er ein Sklave ist – und der gute Jesus sieht sein Sklavendasein scheinbar noch als Ehre an!

5 Ewiger Vater, wieviel ist allein schon diese Demut wert! Welchen Preis müßten wir wohl bezahlen, wollten wir deinen Sohn von dir kaufen? Um ihn zu *ver*kaufen – ja, den Preis dafür kennen wir: dreißig Silberlinge. Wollten wir deinen Sohn kaufen – es gäbe keinen Preis, der ausreichte. – Weil er ohne Bezahlung unsere Natur angenommen und sich mit uns eins gemacht hat, sagt er: *»Unser* Brot«. Auch erinnert er damit den Vater daran, daß sein Wille ihm selber gehört und er ihn darum auch frei verschenken kann. Er macht keinen Unterschied zwischen sich und uns. Wir dagegen unterscheiden zwischen »wir« und »er«, weil wir uns Seiner Majestät nicht täglich hingeben.

1 »Täglich« bedeutet in dieser Bitte wohl: für immer. So jedenfalls verstehe ich es, wenn ich darüber nachdenke, warum der Herr »unser tägliches Brot« und noch einmal »gib es uns heute« sagt. Mir scheint, er ist unser tägliches Brot, weil wir ihn schon hier auf Erden haben und ihn auch im Himmel haben werden, wenn wir in seiner Gefolgschaft voranschreiten. Und der Grund, warum er bei uns bleibt, ist der: Er will uns helfen, uns Mut machen und stärken, damit wir den Willen des Vaters tun können, worum wir ja gebetet haben.

2 »Heute«, das heißt wohl: nur für diesen Tag. Meines Erachtens will der Herr damit sagen: Gib uns das Brot jetzt, solange die Welt besteht, nicht länger . . . – und das ist ja wirklich nur ein Tag! Hart trifft das natürlich die Unglückseligen, die verdammt werden und die im anderen Leben nicht mehr von diesem Brot essen. Doch ist es nicht seine Schuld, wenn sie sich vom Bösen besiegen lassen, denn immer wieder ermuntert er sie, bis zum Ende des Kampfes. Sie werden einmal nichts zur Entschuldigung vorzubringen haben. Sie werden sich auch nicht über den Vater beklagen können, daß er ihnen zu der Zeit, da sie es am nötigsten gebraucht hätten, das Brot vorenthalten habe. Gerade deshalb, weil nicht mehr länger als ein Tag Zeit ist, bittet der Sohn den Vater, in unseren Diensten bleiben zu dürfen. Ganz aus eigenem Willen hat Seine Majestät uns den Sohn geschenkt und in die Welt gesandt. Nun will der Sohn ebenfalls aus freiem Willen die Welt nicht mehr verlassen, sondern bei uns bleiben, zur

größeren Freude seiner Freunde – und zur Verwirrung seiner Feinde.

Wenn er also um das heilige Brot für heute bittet, will er sagen, daß der Vater es auch jetzt und aufs neue schenken möge. Denn Seine Majestät hat es uns ja bereits für immer gegeben, und zwar, wie ich schon sagte, als Nahrung und als Manna für die ganze Menschheit. Wir finden es, so oft wir wollen. Wir werden nicht an Hunger sterben, und wenn doch, dann allein aus eigener Schuld. Was auch immer die Seele braucht, im Heiligsten Sakrament kann sie Nahrung und Trost finden. Wenn wir erst einmal Geschmack an diesem Brot gefunden haben, gibt es keine Not, keine Prüfung, keine Verfolgung, die wir nicht ertragen könnten.

3 Töchter, stimmt doch in das Beten des Herrn mit ein, bittet doch auch ihr wie er den Vater, daß er heute euren Bräutigam bei euch lasse, damit ihr in dieser Welt nicht ohne ihn leben müßt! Es ist doch schon schwer genug, wenn die Freude an seiner bleibenden Gegenwart dadurch gedämpft ist, daß er nur verborgen da ist, unter den Gestalten von Brot und Wein. Für jeden, der keine andere Liebe kennt als ihn und keinen anderen Trost, ist das eine wahre Marter. Bittet ihn sehr, daß ihr nie ohne ihn sein müßt und daß er euch bereit macht, ihn stets würdig aufzunehmen.

4 Ihr habt euch dem Willen Gottes ganz überlassen. Also sorgt euch nun nicht mehr um anderes Brot! (Ich spreche hier von der Gebetszeit, da soll es euch um Wichtigeres gehen! Zum Arbeiten und Brotverdienen sind andere

Zeiten da!) Ja, gewöhnt euch daran, eure Gedanken zu keiner Zeit von der Sorge um das Brot des Leibes gefangennehmen zu lassen. Arbeitet der Leib, was ja zum Erwerb des Lebensunterhaltes nötig und richtig ist, soll die Seele dennoch ruhen. Überlaßt eure Sorgen eurem Bräutigam! Das habe ich euch schon einmal ausführlich erklärt. Er wird immer für euch sorgen.

5 Das ist so ähnlich wie im Verhältnis zwischen einem Diener und seinem Herrn: Der Diener hat die Aufgabe, alle Dinge zur Zufriedenheit des Herrn zu verrichten, der Herr aber ist verpflichtet, den Diener zu versorgen, solange er in seinem Hause ist und seinen Dienst tut – außer er wäre selber so arm, daß er weder für sich noch für den Diener etwas hätte.

Letzteres kommt bei unserem Herrn allerdings nicht vor, er ist und bleibt immer reich und mächtig. Nun stellt euch vor, der Diener würde zum Herrn gehen und ihn um Essen bitten, obwohl er doch weiß, daß sein Herr sich täglich darum sorgt und für seinen Unterhalt zu sorgen ja auch verpflichtet ist. Zu Recht würde ihm der Herr sagen: Geh und kümmere dich um deine Arbeit und sieh zu, daß du sie ordentlich machst! – Denn wenn einer sich um Dinge kümmert, um die er sich gar nicht zu kümmern hat, wird er natürlich seine eigentlichen Aufgaben nur unvollkommen verrichten können.

Mag sich also um dieses Brot sorgen, wer will! Wir, Schwestern, wollen den ewigen Vater bitten, daß er uns die Gnade schenkt, unser himmlisches Brot so zu empfangen, daß er sich den Augen unserer Seele zeigen und sich ihr zu erkennen geben kann – wenn schon die

Augen des Leibes sich nicht an ihm erfreuen können, weil er ihnen so verborgen ist. – Eine ganz andere Art von Nahrung ist dieses Brot, eine Nahrung, die Freude und Erfüllung schenkt und die sogar unser leibliches Leben nährt.

6 Ihr glaubt das nicht, daß diese heilige Speise auch den Leib nährt und eine gute Arznei auch für körperliche Leiden ist? Ich weiß, daß es so ist. Ich kenne eine Frau[21], die an sehr schweren Krankheiten litt und oft von heftigen Schmerzen gequält wurde. Während der Kommunion waren sie plötzlich wie von der Hand des Herrn weggefegt, und sie fühlte sich ganz und gar wohl. Für diese Frau war das überhaupt nichts Ungewöhnliches, und das bei so eindeutigem Krankheitsbild, daß meiner Meinung nach unmöglich eine Verstellung hätte vorliegen können. Die Wunder, die das allerheiligste Brot in Menschen bewirkt, die es gläubig empfangen, sind so offenkundig, daß ich mich hier nicht weiter darüber verbreiten muß. Von der genannten Person könnte ich noch vieles erzählen, was ich selber von ihr gehört habe. Ich weiß auch, daß sie nicht lügt. Der Herr hatte ihr einen so lebendigen Glauben geschenkt, daß sie manchmal innerlich lächeln mußte, wenn sie Leute sagen hörte, sie hätten gern zu der Zeit gelebt, als Christus, unser höchstes Gut, auf Erden war. Sie fragte sich, warum die Menschen auf solche Gedanken kommen, da wir Christus doch im Heiligsten Sakrament genauso wirklich bei uns haben wie damals.

[21] Teresa selbst.

7   Ich weiß von dieser Frau, daß sie sich, obwohl sie nicht besonders vollkommen war, jahrelang beim Empfang der heiligen Kommunion bemühte, ihren Glauben dadurch zu stärken, daß sie sich vorstellte, sie sähe mit leiblichen Augen, wie der Herr in ihr Haus kommt. Da sie glaubte, daß der Herr wirklich ihr armes Haus betritt, machte sie sich, so gut sie konnte, von den äußeren Dingen frei, um mit ihm in die innere Wohnung einzugehen. Sie bemühte sich, alle ihre Sinne zu sammeln, damit diese das große Gut bemerkten oder besser gesagt, damit sie die Seele nicht daran hinderten, es wahrzunehmen. Sie stellte sich vor, sie sitze zu Füßen des Herrn und weinte wie Magdalena, ganz so, als würde sie ihn mit leiblichen Augen im Haus des Pharisäers sehen. Und wenn sie keine Andacht dabei verspürte, so wußte sie doch aus dem Glauben, daß der Herr wirklich anwesend war.

8   Wenn wir uns nicht dumm stellen und den Verstand abschalten, gibt es keinen Grund zum Zweifeln. Die Kommunion würdig empfangen bedeutet nicht, bildhafte Vorstellungen zu haben, so wie wir uns den Herrn am Kreuz vorstellen oder in Gedanken die Stationen seines Leidens mitgehen. Was in der Kommunion geschieht, ereignet sich jetzt und ist Wirklichkeit! Wir brauchen ihn nicht an anderen weit entfernten Orten zu suchen! Wir wissen, daß Jesus wahrhaftig bei uns ist, und so lange die Gestalt des Brotes noch nicht durch die natürliche Körperwärme verzehrt ist, sollten wir seine Nähe suchen. Als er auf Erden war, hat allein schon die Berührung seiner Kleider Kranke geheilt! Und da zweifeln wir noch, ob er jetzt, da er so innerlich in uns ist, ein Wunder wirken kann,

und ob er uns auch wirklich geben wird, worum wir ihn bitten, nun, da er wirklich in unserem Hause ist?! Seine Majestät pflegt die Herberge nicht schlecht zu bezahlen, wenn man ihn nur gut bewirtet!

9   Wenn ihr sagt, es sei bedauerlich, daß man ihn nicht auch mit leiblichen Augen sehen kann, so bedenkt, ob das denn für uns gut wäre. Denn es ist etwas anderes, ihn als den verherrlichten Christus zu sehen oder so, wie er über diese Erde ging. Würden wir ihn sehen in seiner Herrlichkeit, wir könnten bei unserer schwachen Natur seinen Anblick gar nicht ertragen! Die Welt könnte dann nicht mehr bestehen, keiner würde mehr in ihr leben wollen. Denn beim Anblick der Ewigen Wahrheit würden wir erkennen, daß alles Lug und Trug ist, was wir hier auf Erden für so beachtenswert halten. Wäre der Herr in so großer Erhabenheit für die Augen sichtbar, wie könnte da eine arme Sünderin wie ich, die ihm so oft weh getan hat, es noch wagen, in seiner Nähe zu bleiben? In der Gestalt des Brotes kann man leichter mit ihm umgehen. Denn wenn sich der König verhüllt, kommt man nicht auf den Gedanken, all die vielen Anstandsregeln und Ehrbezeichnungen beachten zu müssen. Da er sich ja verborgen hat, meint man, es sei ganz normal, daß er uns so erträgt, wie wir uns geben. Wer würde es sonst wagen, so lau, so unwürdig, mit solchen Unvollkommenheiten ihm unter die Augen zu treten?!

10   Ach, wir wissen gar nicht, worum wir bitten! Wie gut hat der Herr das in seiner Weisheit bedacht! Er offenbart sich denen, die durch die Erfahrung seiner Gegenwart

wirklich vorankommen. Wenn man ihn auch nicht mit den leiblichen Augen sehen kann, so hat er doch viele Möglichkeiten, sich der Seele durch tiefe innere Empfindungen und auf verschiedenen anderen Wegen zu zeigen. Bleibt darum bei ihm und tut es gern! Nutzt eine so gute Gelegenheit wie die Zeit nach dem Kommunionempfang! Da tauscht euch mit ihm aus! Befiehlt euch der Gehorsam etwas anderes, so versucht trotzdem, mit eurer Seele beim Herrn zu verweilen! Wenn ihr mit euren Gedanken gleich wieder woanders seid und nicht auf den achtet, der in euch ist, wie soll er sich euch da zu erkennen geben? Die Zeit nach der Kommunion ist so wertvoll. Gerade dann will uns unser Meister unterweisen. Hier ist die rechte Zeit, ihm zuzuhören und ihm zum Dank dafür, daß er uns unterweisen möchte, die Füße zu küssen. Hier ist der Augenblick, ihn zu bitten, daß er uns nie verlassen möge.

11   Beim Beten während der Zeit nach dem Kommunionempfang eine Christusdarstellung zu benutzen, halte ich für töricht. Das hieße ja, sich von der anwesenden Person selber wegzuwenden, um ein Bild von ihr anzuschauen. Wäre das nicht gerade so, wie wenn jemand, den wir sehr gern haben, uns besuchen kommt und wir uns nicht mit ihm unterhalten, sondern uns die ganze Zeit mit einem Bild von ihm beschäftigen?! Wißt ihr, wann es angebracht ist, ein Bild zu benutzen (was auch ich gern tue)? Dann, wenn der Herr selber abwesend zu sein scheint oder uns durch große innere Trockenheiten heimsuchen möchte – da ist es ein großer Trost, wenigstens ein Bild von dem, den wir aus so guten Gründen lieben, anschauen zu können. Ich hätte gern überall, wo unsere Augen hin-

blicken, solche Bilder! Können wir denn unsere Aufmerksamkeit etwas noch Besserem und noch Wohltuenderem zuwenden als dem Herrn, der uns so liebt und in dem wir alle Schätze finden können? Oh, wie arm sind diese Irrgläubigen, die durch eigene Schuld solch tröstende Erfahrung verloren haben – und darüber hinaus noch viele andere Reichtümer des Glaubens!

12 Wenn ihr also den Herrn in der Kommunion empfangen habt, dann richtet eure Aufmerksamkeit auf ihn selber, versucht, die Augen des Leibes zu schließen, die der Seele zu öffnen und in euer Herz zu blicken. Ich sage euch und wiederhole es noch einmal, ja ich möchte es euch immer wieder sagen: Wenn ihr euch dies zur festen Gewohnheit macht und euch jedesmal, wenn ihr die Kommunion empfangt, ihm zuwendet, dann wird er eurer Seele gar nicht so verhüllt bleiben, wenn er kommt. Sorgt euch um ein reines Gewissen, damit euch erlaubt wird, das höchste Gut oft zu empfangen! In dem Maße, wie wir uns danach sehnen, ihn zu erfahren, wird er sich zu erkennen geben, und zwar, wie ich schon sagte, auf vielerlei Weise. Ja, eine so tiefe Sehnsucht kann in euch wach werden, daß er sich euch sogar ganz enthüllt.

13   Schenken wir ihm aber keine Beachtung und wenden wir uns, kaum daß wir ihn empfangen haben, wieder von ihm ab und hängen mit den Gedanken geringeren Dingen nach, was kann er da tun? Soll er uns etwa mit Gewalt dazu bringen, daß wir ihn anschauen, damit er sich uns zu erkennen geben kann? Nein. Als er sich einst allen offen zeigte und deutlich sagte, wer er sei, da hat man ihn auch

nicht erkannt und nicht gerade gut behandelt, es waren nur sehr wenige, die ihm glaubten. Seine Majestät erweist uns allen schon Barmherzigkeit genug, wenn er uns die Erkenntnis schenkt, daß er im Heiligsten Sakrament gegenwärtig ist. Sich unverhüllt zeigen, uns in seiner ganzen Herrlichkeit und Größe gegenübertreten, seine Schätze an uns verschenken – das will er nur bei den Menschen, von denen er weiß, daß sie sich sehr nach ihm sehnen. Denn die sind seine wahren Freunde. Wer nicht zu ihnen gehört – das sage ich euch ganz bewußt! –, wer ihn also nicht wie ein wahrer Freund empfängt, indem er alles, was ihm möglich ist, für die Begegnung mit dem Herrn tut, der verlange bloß nicht, daß er sich ihm zu erfahren gebe! Manch einer kann kaum die Zeit abwarten, bis er das Sonntagsgebot wieder einmal erfüllt hat. Schnell verläßt er die Kirche und vergißt, was geschehen ist. Manche Menschen scheinen sich sehr zu beeilen, daß sie dem Herrn mit ihren Geschäftigkeiten und ungesunden Verwicklungen in die Angelegenheiten dieser Welt zuvorkommen, damit der Herr des Hauses sie nicht beschäftigen kann.

17. (35.) *Kapitel*

1 Als ich über das »Gebet der Sammlung« sprach, habe ich euch gesagt, wie wichtig es ist, in das Innere einzukehren, um mit Gott allein zu sein. Nun habe ich noch einmal so ausführlich darüber geschrieben, da es sich um einen so wichtigen Gegenstand handelt. Wenn ihr übrigens die Kommunion nicht empfangt, Töchter, sondern die Messe nur hört, könnt ihr dennoch geistigerweise kom-

munizieren. Auch dadurch kommt man sehr voran. Ihr müßt euch dabei ebenfalls in eurem Inneren sammeln, damit sich die Liebe zum Herrn tief in euch einprägt. Wenn wir uns darauf einstellen, ihn in uns zu empfangen, wird er uns auch auf vielerlei Weise zu beschenken wissen, wir werden nicht einmal begreifen, wie uns geschieht. Das ist so ähnlich wie beim Umgang mit einem Feuer: Mag es auch noch so gut brennen – wenn wir abseits bleiben und nicht wenigstens die Hände zu den Flammen hinstrecken, kann es uns nicht erwärmen. Man hat es zwar immer noch wärmer, als wenn man sich irgendwo aufhielte, wo gar kein Feuer brennt. Aber es ist etwas anderes, wenn wir das Feuer, die Nähe des Herrn, bewußt suchen. Wenn die Seele sich auf ihn einstellt oder wenn sie sich erwärmen lassen will und sich auch eine Zeitlang dort aufhält, dann wird sie für viele Stunden erwärmt bleiben.

2   Es ist möglich, daß ihr euch dabei anfangs nicht ganz wohlfühlt. Dann gebt acht, Schwestern, daß ihr euch richtig verhaltet. Denn es kann vorkommen, daß euch der Teufel das Herz schwer macht und euch Furcht eingibt, nur weil er weiß, daß der Schaden für ihn groß ist, wenn ihr euch dem Herrn zuwendet. Er wird euch überzeugen wollen, daß ihr in anderen geistlichen Übungen mehr Andacht finden könnt als gerade in dieser. Laßt dann nicht davon ab! Denn jetzt kann der Herr prüfen, ob ihr ihn liebt.
Denkt daran, wie wenige Menschen es gibt, die in der Freundschaft zu ihm leben und ihm auch in Schwierigkeiten treu bleiben! Ertragen wir doch ein wenig für ihn! Seine Majestät wird es euch lohnen. Vergeßt auch nicht,

daß es viele Menschen gibt, die sich nicht nur weigern, bei ihm zu bleiben, sondern die ihn auch noch grob davonjagen. Wir müssen schon etwas auf uns nehmen, damit er unseren Wunsch erkennt, ihn zu schauen. Er erträgt alles, und er wird auch künftig alles ertragen, nur um einen einzigen Menschen zu finden, der ihn aufnimmt und liebend bei sich beherbergt. Verlangt danach, daß ihr ihn aufnehmt! Würde er niemand finden, so müßte ja der ewige Vater ihm mit Recht die Zustimmung verweigern, bei uns zu bleiben. Aber der Vater liebt seine Freunde so sehr, er ist so sehr der gütige Herr seiner Diener, daß er das große Werk nicht hindern will; er kennt ja den Wunsch seines geliebten Sohnes! Dieses Werk macht die Liebe seines Sohnes zu ihm vollkommen offenbar.

3 Heiliger Vater im Himmel, du hast es so gewollt: Du hast diesem Werk zugestimmt; es ist klar, daß du uns niemals etwas verweigerst, was gut für uns ist. Es muß jemanden geben, so sagte ich am Anfang, der für deinen Sohn das Wort ergreift. Er selber redet ja nicht für sich. Töchter, laßt uns dieser »jemand« sein! Es ist zwar geradezu Vermessenheit für solche, wie wir es sind! Aber da er uns zu bitten aufgetragen hat, können wir doch Vertrauen haben. Wir gehorchen nur seinem Auftrag. Bitten wir also Seine Majestät im Namen Jesu, daß er Erbarmen habe und Mittel suche, um der üblen Behandlung seines Sohnes ein Ende zu bereiten. Ein vortreffliches Mittel hat sein heiliger Sohn schon bereitgestellt: Wir können ihn im Meßopfer dem Vater immer wieder zum Geschenk machen. Wenn doch diese kostbare Opfergabe auch bewirken könnte, daß dem ganzen furchtbaren Übel Einhalt geboten

wird und die Sakramentenschändung durch diese Lutheraner endlich aufhört! Kirchen werden zerstört, so viele Priester gehen verloren, die Sakramente sind abgeschafft...

4 Mein Herr und mein Gott! Mach Schluß mit dieser Welt – oder zeig uns ein Heilmittel für diese schlimmen Übel! Denn das kann doch keiner, der auch nur ein wenig Herz hat, ertragen – selbst wenn wir noch so erbärmliche Wesen sind! Ich flehe dich an, ewiger Vater, schau doch nicht länger zu! Gebiete Einhalt diesem Feuer, Herr! Wenn du willst, dann kannst du es! Schau, in dieser Welt befindet sich dein Sohn! Durch seine Hoheit mögen all diese häßlichen, abscheulichen und schmutzigen Dinge dahinschwinden! Er in seiner Schönheit und Reinheit verdient es nicht, in einem Haus zu wohnen, wo solche Scheußlichkeiten sind! Erhöre uns nicht um unseretwillen, Herr, wir hätten es gar nicht verdient. Aber erhöre uns um deines Sohnes willen! Dich zu bitten, daß du ihn aus unserer Mitte nimmst, das wagen wir freilich nicht. Was würde denn dann aus uns werden? Wenn wir – trotz allem – noch auf deine Gnade hoffen dürfen, dann doch nur auf Grund der Tatsache, daß wir ihn, dein kostbares Unterpfand, in unserer Mitte haben! Aber auf irgendeine Weise muß etwas geschehen, mein Herr! Möge deine Majestät dafür sorgen!

5 O mein Gott, wie möchte ich dich bestürmen mit meinen Bitten! Hätte ich dir doch so gut gedient, daß ich jetzt ein Geschäft mit dir abschließen und um eine Gegenleistung von dir feilschen könnte! Du läßt ja nichts unbelohnt. Aber ich habe nichts anzubieten, Herr. Eher habe

ich durch meine Sünden selber noch dazu beigetragen, daß so viel Unheil über uns hereingebrochen ist. Was kann ich also noch anderes tun, mein Schöpfer, als dir dieses heiligste Brot anzubieten?! Obwohl wir selbst es ja von dir geschenkt bekommen, nehme ich es und schenke es dir wieder. Um der Verdienste deines Sohnes willen bitte ich dich, mir meinen Wunsch zu erfüllen. Er hat es doch wirklich verdient, daß du mich erhörst! Es ist Zeit, Herr, es ist höchste Zeit, daß dieses stürmische Meer wieder zur Ruhe kommt! Das Schiff der Kirche kann doch nicht fortwährend solchen Wettern ausgesetzt bleiben. Rette uns, mein Herr, sonst gehen wir zugrunde!

18. (36.) Kapitel

1   Unser guter Meister weiß, daß uns durch die Nahrung des Himmels alles leicht wird. Wenn es nicht so ist, dann sind wir selber daran Schuld. In der Kraft dieser Speise könnten wir durchaus verwirklichen, was wir dem Vater versprochen haben, als wir ihm sagten: »Dein Wille geschehe!« Deshalb bittet der Herr den Vater nun, daß er uns die Schuld vergebe, und er sagt ihm, daß auch wir einander vergeben. So setzt er das Gebet, das er uns lehrt, mit den Worten fort: *»Und vergib uns unsere Schuld, wie auch wir vergeben haben unsern Schuldigern.«*

2   Zunächst ist hier zu beachten, Schwestern, daß der Herr nicht sagt: »Wie wir vergeben werden«. Wir sollen lernen, daß derjenige, der um eine so große Gabe bittet wie die eben genannte und der seinen Willen Gott schon übergeben hat, bereits verziehen *haben* muß. Darum sagt er: »Wie auch wir vergeben haben«. Wer also dem Herrn mit ganzem Herzen gesagt hat: »Dein Wille geschehe«, der muß schon alles verziehen haben oder zumindest fest dazu entschlossen sein.
Jetzt versteht ihr auch, warum den Heiligen Verspottung und Verfolgung willkommen waren: Damit hatten sie etwas, das sie dem Herrn anbieten konnten, wenn sie diese

Bitte an ihn richteten. Was soll aber ein so armer Mensch tun, wie ich es bin? Ich habe nicht viel ertragen müssen, ich hatte also nie viel zu verzeihen. Ich habe nur die viele Schuld, die mir verziehen werden muß. Ja, Schwestern, das ist ein Punkt, der gründlich zu bedenken ist! Dann wird uns erst so recht bewußt, was es bedeutet, wenn der Herr uns unsere Schuld, für die wir eigentlich das ewige Feuer verdient hätten, einfach vergibt, und zwar lediglich unter der Bedingung, daß wir anderen Verzeihung schenken – was daran gemessen doch eine lächerliche Kleinigkeit ist! Aber selbst zu dieser lächerlichen Kleinigkeit bin ich nur in dem Maße fähig, wie du mir umsonst verzeihst, Herr. Bei mir hast du ein weites Feld für deine Barmherzigkeit. Sei gepriesen, daß du mich so elend erträgst, wie ich bin. Dein Sohn hat zwar im Namen aller gesprochen, doch so wie ich bin, so ohne jedes Verdienst, darf ich mich nicht dazuzählen.

3   Ach, mein Herr, wenn es nun noch mehr Menschen gibt, die genauso sind wie ich, ja die diese ihre Lage noch nicht einmal erkannt haben – was dann? Wenn es sie tatsächlich gibt, so bitte ich sie in deinem Namen, in sich zu gehen und darüber nachzudenken und den Schwächen anderer nicht so viel Beachtung zu schenken.
Solchen kleinen Vorkommnissen darf man doch kein Gewicht beimessen! Dieses Pochen auf die eigene Ehre ist nicht mehr wert, als wenn Kinder Häuschen aus Strohhalmen bauen!
Mein Gott, Schwestern, machen wir uns doch klar, was wirklich Ehre ist und was wirklich unsere Ehre angreift! Jetzt rede ich nicht von uns hier, denn es wäre ja schlimm,

wenn wir das noch nicht begriffen hätten. Wenn ich so rede, habe ich zunächst mich selber vor Augen, denn es gab in meinem Leben eine Zeit, da ich sehr auf meine Ehre bedacht war. Damals verstand ich noch nicht, was Ehre eigentlich ist. Ich folgte einfach der Menge. Ach, was habe ich damals alles als Beleidigung empfunden, heute schäme ich mich dafür! Und dabei war ich noch nicht einmal ein Mensch mit besonders ausgeprägtem Ehrempfinden. Aber ich hatte das in diesem Punkt eigentlich Entscheidende noch nicht im Blick: Ich suchte nicht nach der Ehre, die zum Guten ist, die ein inneres Reifen der Seele bewirkt. – Wie wahr hat doch der gesprochen, der gesagt hat: »Ehre und Gewinn können nie beieinander sein!« Ich weiß zwar nicht, ob er es in diesem Zusammenhang gemeint hat. Aber hier trifft es buchstäblich zu, denn inneres Wachsen und das, was die Welt »Ehre« nennt, können niemals zusammengehen. Es ist schon erschreckend, wie verkehrt es in der Welt zugeht! Gepriesen sei der Herr, der uns da herausgeholt hat.

4   Doch Vorsicht, Schwestern! Der Teufel hat uns nicht vergessen! Er erfindet auch für uns allerlei, was die Ehrsucht anspricht, und die Gesetze, nach denen man in der Welt in den Würden auf- und absteigt, führt er auch in die Klöster ein. Da müssen zum Beispiel die Gelehrten unter den Ordensmännern ihrem Fach nach behandelt werden. Ich verstehe nicht, was das soll! Wer es einmal dazu gebracht hat, Theologie zu lehren, darf sich nicht dazu herablassen, Philosophie zu lesen. Es wäre ja gegen die Ehre herabzusteigen, wo man doch aufgestiegen ist; selbst wenn es der Gehorsam verlangt, würde man es für eine Be-

leidigung halten! Die anderen würden für den Betreffenden Partei ergreifen, da man eine solche Schande doch
nicht hinnehmen kann! Und der Teufel liefert dann noch
gute Gründe, die glauben machen, man hätte das göttliche
Gesetz auf seiner Seite.

Oder seht doch, wie es bei uns Schwestern zugeht: Wer
einmal Priorin gewesen ist, ist für ein niedereres Amt
nicht mehr einsetzbar. Oder wie peinlich genau wird
darauf geachtet, wer in der Rangordnung die jeweils Ältere
ist – da kommt keine Vergeßlichkeit vor! Ja, wir halten es
sogar für besonders verdienstvoll, darauf zu achten, da es
ja der Orden so vorschreibt.

5   Man weiß nicht, ob man lachen oder weinen soll! Der
Orden schreibt doch nicht vor, die Demut zu mißachten!
Er gibt freilich eine gewisse notwendige Ordnung vor.
Wenn es aber um mich und um mein Ansehen geht, ist
es gar nicht gut, auf die Einhaltungen dieser Ordens-
vorschriften zu pochen, da sollten wir es weniger genau
nehmen und mehr auf andere Regeln achten, die wir vielleicht nur recht unvollkommen erfüllen. In der Sorge um
meine rechte Einordnung in die Rangfolge liegt die Vollkommenheit gerade nicht! Um mich werden schon andere
besorgt sein, gerade dann, wenn ich mich selber nicht so
sehr darum kümmere. Die Sache ist doch so: Wir sind
immer geneigt aufzusteigen (wenn wir auch gerade
dadurch alles andere tun, als dem Himmel entgegenzugehen!) und wollen nie absteigen. O Gott, o Gott! – Du,
Herr, bist doch unser Vorbild und Meister, du bist es wirklich! Worin bestand denn deine Ehre, du, der uns so viel
Ehre erweist? Du hast sie wahrlich nicht dadurch verloren,

daß du gedemütigt wurdest, und zwar bis in den Tod! Nein, Herr, dadurch hast du sie für uns alle erworben.

6   Um der Liebe Gottes willen! Schwestern, bedenkt doch, daß wir so nicht weiterkommen, dieser Weg ist verfehlt von Anfang an! Möge Gott verhüten, daß auch nur ein einziger Mensch verlorengeht, weil er an seiner erbärmlichen »Ehre« festhält und nicht begreifen will, worin Ehre wirklich besteht! Und da meinen wir dann, etwas Großes vollbracht zu haben, wenn wir solche Kleinigkeiten, die im Grunde weder Beleidigung noch Unrecht noch überhaupt etwas sind, verzeihen. Als wenn wir etwas ganz Besonderes geleistet hätten, treten wir vor den Herrn und bitten ihn, uns zu vergeben, weil auch wir vergeben haben. Laß uns doch begreifen, mein Gott, daß wir uns selber nicht kennen und daß wir mit leeren Händen zu dir kommen. Verzeih uns allein um deiner Barmherzigkeit willen! Wirklich, Herr, ich sehe nichts – da ja alles vergänglich ist, die Strafe, die wir verdienen, aber grenzenlos –, was ich vor dich hinbringen könnte und was ausreicht, Anspruch auf deine Vergebung zu haben. Nur ihn sehe ich, der dich für uns um diese Vergebung bittet.

7   Wie sehr muß dem Herrn daran gelegen sein, daß wir einander lieben! Denn Jesus hätte ja auch etwas ganz anderes vor den Vater bringen können. Er hätte ja sagen können: »Vergib uns, Herr, denn wir tun viel Buße« oder: ». . . denn wir verrichten viele Gebete, und wir fasten, wir haben um deinetwillen alles verlassen und lieben dich sehr.« Auch sagte er nicht: ». . . denn wir würden unser Leben für dich geben« oder was man dergleichen noch

vorbringen könnte. Er sagte nur: »Wie auch wir vergeben haben . . .« Vielleicht, weil er uns kennt und weil er weiß, wie sehr wir auf diese erbärmliche Ehre bedacht sind und wie uns nichts schwerer fällt, als einander zu verzeihen, vielleicht auch, weil der Vater von uns nichts lieber möchte als gerade dies – vielleicht deshalb hat er so in unserem Namen zum Vater gebetet.

8   Meine Schwestern, beachtet, daß der Herr hier von etwas spricht, das schon geschehen ist. Er sagt wörtlich: »Wie auch wir vergeben *haben* . . .!« Beachtet das sehr gut! Denn wenn Gott einem Menschen wirklich das Geschenk gemacht hat, in dem Gebet zu leben, das man »vollkommene Kontemplation« nennt, dieser Mensch aber nicht feste Entschlossenheit zeigt, jedes Unrecht, das ihm geschieht, so groß es auch sein mag, zu verzeihen – die genannten Kleinigkeiten kann man ja gar nicht als Unrecht bezeichnen –, dann soll er von seinem Gebet nicht viel halten! Ein Mensch, den Gott wirklich in die Tiefen des Betens eingeführt hat, wird von solchen Dingen nicht mehr berührt, es beeindruckt ihn nicht, ob man ihn achtet oder nicht. Besser müßte ich vielleicht sagen: Es beeindruckt ihn sogar sehr! Geehrt zu werden schmerzt ihn weit mehr, als nicht beachtet oder geringgeschätzt zu sein, Schwierigkeiten und Mühen sind ihm lieber als ruhiger Müßiggang. Wem der Herr wirklich das Reich geschenkt hat, der hat keine Ansprüche mehr an die Welt. In dieses Reich hineinzuwachsen, das hat er als den wahren Wert erkannt, und aus Erfahrung weiß er bereits, wieviel man gewinnt und wieweit man innerlich vorankommt, wenn man seine Nöte für Gott leidet. Es dürfte sehr selten sein,

daß Seine Majestät so große Gaben Leuten schenkt, die nicht schon aus eigenem Antrieb viele ihrer Schwierigkeiten für ihn ertragen haben. Wie ich bereits an anderer Stelle dieses Buches sagte, haben die Kontemplativen große Prüfungen zu ertragen, und deshalb sucht sie sich der Herr unter Leuten aus, die im Leiden bewährt sind.

9   Seht, Schwestern, diese Kontemplativen haben begriffen, was der Wert von allem ist. Sie werden nicht lange von vergänglichen Dingen aufgehalten. Wenn ihnen schweres Unrecht oder Leid in einer ersten Regung auch Schmerz verursachen, so kommt ihnen doch, kaum daß sie es empfunden haben, die Vernunft zu Hilfe, die ihr Banner erhebt und den Schmerz verscheucht. Dann gewinnt die Freude die Oberhand, und zwar Freude darüber, daß der Herr ihnen die Möglichkeit gibt, an einem einzigen Tag mehr Gnade und grenzenlose Zuwendung von Seiner Majestät erhalten zu können, als sie es durch selbst gesuchte Leiden in zehn Jahren vermocht hätten. – So weit ich etwas davon verstehe, sind solche Erfahrungen nichts Ungewöhnliches. Ich hatte ja schon mit vielen Kontemplativen zu tun, und ich weiß sicher, daß sie es so erleben. Wie andere Gold und Juwelen lieben, schätzen und begehren sie die Nöte und Schwierigkeiten des Lebens, weil sie wissen, daß sie nur dadurch reich werden.

10   Solche Menschen geben auf Anerkanntsein und Ehre nicht viel. Es ist ihnen lieber, wenn ihre Sünden bekannt werden, und sie sagen sie auch, wenn sie sehen, daß andere eine zu hohe Meinung von ihnen haben. Sie legen auch keinen Wert auf ihre Abstammung, sie wissen, daß solche

Dinge im unvergänglichen Reich des Herrn bedeutungslos sind. Wenn sie schon ihre vornehme Herkunft ins Feld führen, dann nur insofern das für den Dienst vor Gott von Nutzen ist. Im übrigen bekümmert es sie, für mehr gehalten zu werden, als sie sind, und ohne jeden Kummer, ja geradezu mit Vergnügen, stellen sie die Sache richtig. Das liegt wohl daran, daß derjenige, dem der Herr so viel Demut und so große Gottesliebe geschenkt hat, sich bereits ein Stück weit selbst vergessen kann und immer Gott vor Augen hat, dem er dienen möchte. Er kann sich dann auch gar nicht mehr vorstellen, daß andere anders denken, und er leidet daran, daß sie nur allzu menschlich über Fehler und Sünde urteilen.

II Was ich jetzt beschreibe, zeigt sich natürlich an solchen Menschen, die auf dem Weg der Vollkommenheit schon ein Stück vorangeschritten sind, die der Herr nämlich – meist auf ganz gewöhnliche Weise – durch die vollkommene Kontemplation an sich gezogen hat. Was dagegen die zuvor genannte Entschlossenheit betrifft, jedes Unrecht, mag man auch noch so darunter stöhnen, ertragen zu wollen – so kann meiner Meinung nach dahin in kurzer Zeit jeder kommen, dem der Herr Gebetsgnaden, wie sie bis hin zum »Gebet der Vereinigung« erfahren werden können, geschenkt hat. Wird einer durch sein Beten nicht in dieser Entschlossenheit bestärkt, so darf man überzeugt sein, daß das, was er für die Gnade Gottes hielt, irgendeine Illusion oder eine Gefühlsduselei war, durch die der Teufel die Versuchung, auf die eigene Ehre bedacht zu sein, nur noch nährt.

12   Es kann natürlich sein, daß man die Kraft zu solcher Entschlossenheit nicht gleich am Anfang erfährt, wenn der Herr gerade erst begonnen hat, die Gnaden des Betens zu schenken. Ich bin aber sicher, daß die Seele – wenn diese Gnaden anhalten – innerhalb kurzer Zeit in der Tugend der Vergebung erstarkt, auch wenn sie für andere Tugenden keine Kraft hat. Ich kann nicht glauben, daß ein Mensch, der der Barmherzigkeit selber so nahekommt und in ihrem Licht erkennt, wer er ist und wieviel Gott ihm verziehen hat, nicht mit Selbstverständlichkeit jedem, der ihm Unrecht getan hat, verzeihen kann und ihm gut will. Die Gnaden und die inneren Tröstungen, die er als Zeichen der großen Liebe Gottes deuten muß, sind ihm gegenwärtig, und er freut sich, wenn sich eine Gelegenheit bietet, etwas von dieser Liebe weitergeben zu können.

13   Ich muß es noch einmal wiederholen: Mir sind viele Menschen bekannt, denen der Herr die Gnade geschenkt hat, sich zum übernatürlichen Leben zu erheben, die er also in dieses Beten, oder wie man sagt: in die Kontemplation, eingeführt hat. So viele andere Fehler und Unvollkommenheiten ich bei ihnen sehe – daß ihnen die Entschlossenheit zu vergeben mangelt, das habe ich noch bei keinem bemerkt. Ich glaube auch nicht, daß sie in diesem Punkt gänzlich unvollkommen sein können (vorausgesetzt, wie gesagt, daß diese Gnaden wirklich von Gott sind). – In wessen Seele sich große Dinge ereignen, der gehe in sich und frage sich, ob die Fähigkeit zu verzeihen zunimmt. Und wenn er diesbezüglich nicht irgendwie eine Entwicklung in sich wahrnimmt, so sei er sehr auf der Hut und glaube ja nicht, daß seine Gebetserfahrungen von Gott

stammen. Wie ich bereits sagte: Eine Seele, die Gott heim-
sucht, wird immer zum Guten hin verändert. Das ist
sicher. Wenn auch die inneren Gnaden und Gebetserfahrungen schnell vorübergehen – was in der Seele
bleibt, sind die Früchte, die durch die Gnaden allmählich
heranreifen. Und weil Jesus das sehr wohl weiß, sagt er
entschlossen zu seinem heiligen Vater: ». . . wie auch wir
vergeben haben unseren Schuldigern«.

19. (37.) Kapitel

1 Man kann Gott wirklich nur loben für ein so voll-
kommenes Gebet, verfaßt von einem so guten Meister.
Jede einzelne von uns, meine Töchter, kann es auf ihre
eigene Situation bezogen beten. Ich kann nur staunen,
wenn ich sehe, wie mit diesen wenigen Worten das ganze
kontemplative Leben, der ganze Weg der Vollkommenheit
beschrieben ist. Man meint, Bücher nicht mehr nötig zu
haben. Dieses Gebet studieren – das genügt. Allein schon
bis hierher zu dieser Bitte hat der Herr uns in alle Gebetsweisen eingeführt, selbst in die Formen höchster Kontemplation, von den Anfängen des inneren Betens an über
das »Gebet der Ruhe« bis hin zum »Gebet der Vereinigung«. Wenn ich die Fähigkeiten dazu hätte, ich würde
auf einem solchen wahrhaft tragfähigen Fundament ein
ganzes dickes Buch über das Beten schreiben. – An dieser
Stelle hier beginnt der Herr nun, wie ihr gesehen habt, uns
auf die Früchte aufmerksam zu machen, die in der Seele
heranreifen, wenn die Gebetsgnaden wirklich von Gott
stammen.

2　Ich habe überlegt, warum Seine Majestät nicht noch eindeutiger über diese hohen und geheimnisvollen Dinge gesprochen hat, und natürlich so, daß alle sie verstehen könnten. Da kam mir der Gedanke, daß der Herr dieses Gebet, das ja allgemeingültig und für jeden nachvollziehbar sein sollte, deshalb für die Auslegung so offen und unbestimmt gelassen hat, damit jeder einzelne Beter es von seiner Situation her verstehen und aus seinen Nöten heraus beten kann – und auf seine Weise Trost darin findet. So können die Kontemplativen, die in irdischen Angelegenheiten keine Wünsche haben, und solche Menschen, die schon sehr gottergeben sind, mit dem Vaterunser um die Gnaden des Himmels bitten (soweit man diese durch die große Güte Gottes auf Erden empfangen kann). Und diejenigen, die ganz in dieser Welt stehen und für die es auch nur recht und billig ist, diesem Stande entsprechend zu leben, können damit auch um das ihnen nötige Brot bitten, um den ganz konkreten Lebensunterhalt für sich und ihre Familien (das ist völlig richtig und keineswegs gegen die Heiligkeit!) – um all die Dinge, die sie eben brauchen.

3　Bedenkt dabei aber, daß zwei Sätzchen des Vaterunsers für alle in gleichem Sinne gelten, nämlich was die Hingabe unseres Willens und was das Verzeihen betrifft. Freilich gibt es darin, wie ich schon sagte, ein Mehr und ein Weniger: Die Vollkommenen werden ihren Willen eben wie Vollkommene hingeben, und verzeihen werden sie mit der Vollkommenheit, von der ich sprach. Wir, meine Schwestern, wir werden das tun, was in *unseren* Kräften steht. Der Herr nimmt auch das an. Scheinbar hat ja der

Herr eine Art Vertrag mit seinem ewigen Vater für uns abgeschlossen und zu ihm gesagt: »Tu du dies, Herr – meine Brüder werden jenes tun.« Wir dürfen sicher sein, daß sich der Vater an diesen Vertrag auch hält. Oh ja, er ist ein großartiger Vertragspartner, er zahlt und zahlt, ohne auf die Gegenleistung zu pochen.

4 Das Vaterunser kann man so beten, daß dem Herrn schon ein einziges genügt, um uns beschenken zu können – wenn nur unsere Worte keine Heuchelei sind und wir auch tun wollen, was wir da sagen. Nichts liebt er mehr, als daß wir ehrlich mit ihm umgehen. Wenn wir aufrichtig und demütig vor ihm sind, also nicht nur schöne Worte machen, hinter denen nichts steckt, dann schenkt er immer viel mehr, als wir erbitten.

Unser guter Meister weiß, daß diejenigen, die wirklich schon dahin gelangt sind, so vollkommen zu beten, nur dank der Gnaden, die ihnen der Vater geschenkt hat, auf dieser hohen Stufe stehen. Er weiß auch, daß solche Menschen bereits vollkommen sind oder sich auf dem Weg zur Vollkommenheit befinden. Für sie ist nichts zu befürchten, sie brauchen keine Angst zu haben, denn sie haben, wie man so sagt, die Welt bereits hinter sich gelassen. Der Herr der Welt ist mit ihnen zufrieden, das können sie angesicht der Früchte, die Seine Majestät in ihren Seelen hervorbringt, mit höchster Gewißheit glauben. Der Herr sieht aber auch, wie sie – ganz eingenommen von der Freude am Leben mit ihm – gar nicht mehr wahrhaben wollen, daß es noch eine ganz andere Welt gibt und daß sie noch Feinde haben ...

5 Du ewige Weisheit, du guter Lehrer! Wie großartig ist es doch, Töchter, einen so weisen und besorgten Meister zu haben, der den Gefahren, in denen wir leben, bereits zuvorkommt! Das ist das Schönste, was ein geistlicher Mensch sich auf Erden wünschen kann: in diesem Vertrauen leben zu dürfen! Das gibt große Sicherheit. Ich finde nicht die rechten Worte, um hinreichend darüber sprechen zu können. Aber in der folgenden Vaterunser-Bitte wird das wunderbar deutlich. Der Herr sah, wie notwendig es ist, gerade auch Menschen, die im geistlichen Leben vorangeschritten sind, immer wieder wachzurütteln und ihnen in Erinnerung zu rufen, daß sie Feinde haben, ja daß Sorglosigkeit für sie viel gefahrvoller ist als für andere und daß gerade sie die Hilfe des ewigen Vaters brauchen, weil sie aus einer größeren Höhe herabstürzen würden. Damit sie nicht, ohne es zu merken, in die Irre gehen, fügt er eine Bitte an, die für uns alle, die wir noch in diesem Exil leben, von ungeheurer Bedeutung ist:

»Und führe uns nicht in Versuchung,
sondern erlöse uns von dem Bösen.«

20. (38.) Kapitel

1 Worum wir hier beten, das sind gewaltige Dinge, Schwestern! Wir müssen daher gut nachdenken, um alles richtig zu verstehen. Seht, ich bin fest davon überzeugt, daß Menschen, die wirklich zur Vollkommenheit gelangt sind, den Herrn nicht darum bitten werden, daß sie von Schwierigkeiten und Versuchungen, Verfolgungen und Kämpfen verschont bleiben. Das ist eine der Früchte echter Kontemplation und darüber hinaus ein zuverlässiges und deutliches Zeichen, daß die Gebetsgnaden, die Seine Majestät geschenkt hat, tatsächlich vom Geist des Herrn herrühren und nicht fromme Illusionen sind. Wie ich oben schon sagte, wünschen sich solche Menschen eher allerlei Schwierigkeiten! Sie erbitten sie und lieben sie. Sie sind wie Soldaten, denen es viel lieber ist, wenn der Kampf heftig tobt, weil sie dann die Aussicht haben, mehr zu gewinnen; sie bekommen ihren Sold zwar auch, wenn kein Krieg ist, aber sie wissen nur zu gut, daß sie dann ihr großes Glück nicht machen können.

2 Glaubt mir, Schwestern, daß die echten Soldaten Christi, die Erfahrung haben in der Kontemplation und dem Gebet hingegeben sind, sich geradezu nach dem Kampf sehnen. Vor den offenen Feinden fürchten sie sich

137

nicht sonderlich. Sie kennen sie ja schon, und sie wissen, daß die Kraft, die der Herr ihnen verleiht, stärker ist als die Gewalt ihrer Gegner. Sie wissen, daß sie immer Sieger bleiben und aus solchen Kämpfen nur noch reicher hervorgehen werden. Daher weichen sie auch nie vor diesen Feinden. Was sie dagegen wirklich fürchten, und zwar mit Recht – und davor bitten sie den Herrn, verschont zu bleiben –, das sind gewisse Feinde, die im Hinterhalt lauern, dämonische Mächte, die sich als Engel des Lichtes tarnen und deshalb so gefährlich sind, weil sie sich verkleiden, wenn sie kommen. Sie sind erst zu erkennen, wenn sie in der Seele bereits großen Schaden angerichtet, das Blut ausgesaugt und die Tugenden erstickt haben. Wir stehen dann mitten in der Versuchung und merken es nicht. Von diesen Versuchungen verschont zu bleiben, das müssen wir wirklich erbitten, Töchter! Wir wollen häufig Gott im Vaterunser anflehen, daß er uns von solchem Bösen befreit und wir nicht in Versuchung fallen! Bitten wir ihn, daß wir uns vom Bösen nicht täuschen lassen, daß wir sein Gift erkennen und Licht und Wahrheit nicht in uns verdunkelt werden. Unser guter Meister hat allen Grund, uns diese Bitte zu lehren und den Vater in diesem Anliegen auch selber für uns zu bitten!

3 Seht, Töchter, auf wie vielfache Weise können uns diese Mächte schaden! Denkt nicht, der einzige Irrtum, in den sie uns führen können, sei der, daß sie uns glauben machen, die inneren Gefühle und Empfindungen, die sie uns vorgaukeln, seien von Gott. In gewisser Hinsicht scheint mir dies sogar noch der geringste Schaden zu sein, den sie verursachen können. Eher bewirken sie damit, daß

man auf dem Weg des Betens eifriger wird! Denn so mancher, der von solchen Gefühlen nach innen gezogen wird, verbringt nun mehr Zeit im Gebet. Nichts ahnend, daß seine inneren Regungen vom Teufel verursacht sind, erkennt er auf ihrem Hintergrund seine ganze Unwürdigkeit, er dankt Gott für so viel unverdiente Gnade und weiß sich um so mehr verpflichtet, ihm zu dienen. In der Meinung, diese Gnaden kämen aus der Hand des Herrn, ist er bemüht, sich für den Empfang weiterer Gnaden vorzubereiten.

4   Bemüht euch immer um Demut, Schwestern. Habt stets vor Augen, daß ihr solcher Gnaden nicht würdig seid. Und sucht sie nicht! Denn so könnten meiner Meinung nach viele Menschen, die der Teufel auf diese Weise ins Unheil treiben will, seinen Schlichen entgehen. – Der Herr kann freilich selbst noch das Böse, das Satan uns zufügen will, zu unserem Besten wenden. Wenn wir im Gebet bei ihm verweilen, sieht Seine Majestät unsere guten Absichten, er sieht, daß wir ihn nur erfreuen möchten und ihm allein dienen wollen. Der Herr ist treu. Dennoch ist es gut, auf der Hut zu sein und sich stets um Demut zu bemühen. Jede Selbstherrlichkeit muß man sorgsam meiden. Bittet den Herrn, euch davon frei zu machen. Dann braucht ihr keine Angst zu haben. Seine Majestät wird nicht zulassen, daß ein anderer euch reicher beschenkt als er selber.

5   Großen Schaden kann uns der Teufel, ohne daß wir es merken, auch dadurch zufügen, daß er uns glauben macht, wir hätten Tugenden, die wir in Wirklichkeit gar nicht be-

sitzen. Eine Pest ist das! Im Falle der inneren Gefühle und Empfindungen, die der Teufel verursacht (wovon wir eben sprachen), meinen wir nur, wir hätten sie vom Herren bekommen, und wir fühlen uns um so mehr verpflichtet, ihm zu dienen. Aber hier glauben wir, daß wir unsererseits dem Herrn etwas zu geben hätten und daß wir ihm doch ausgezeichnet dienen, ja wir sind sogar der Meinung, der Herr sei daher verpflichtet, uns zu belohnen. Ein solcher Irrtum verursacht nach und nach unglaublichen Schaden! Daß die Demut verlorengeht, ist das eine; daß wir aufhören, uns um Tugenden zu bemühen – weil wir ja meinen, wir hätten sie schon erworben –, ist das andere. Was kann man dagegen tun, Schwestern? Das beste Mittel ist meiner Meinung nach das, welches unser Meister uns hier lehrt: beten und den ewigen Vater bestürmen, er möge nicht zulassen, daß wir in solche Versuchungen geraten!

6   Ich will euch noch ein weiteres Mittel nennen. Wenn wir den Eindruck haben, daß der Herr uns schon eine bestimmte Tugend verliehen hat, dann müssen wir uns bewußt machen, daß sie ein Geschenk ist und daß er sie uns jederzeit wieder nehmen kann – was ja auch oft genug vorkommt und nicht etwa ohne Gottes Absicht! Habt ihr das nicht auch schon bei euch selber beobachten können, Schwestern? Ich ja. Manchmal fühle ich mich zum Beispiel schon ganz losgelöst von Anhänglichkeiten. Und wenn es dann zur Probe kommt, bin ich es auch tatsächlich! Aber ein anderes Mal erlebe ich mich wieder so eingenommen von allem, ja von Dingen, über die ich mich vielleicht tags zuvor noch lustig gemacht habe. Ich erkenne mich dann

fast nicht mehr wieder. Oder manchmal meine ich, daß ich einen beachtlichen Heldenmut habe und vor keiner Schwierigkeit, die im Dienste Gottes auf mich zukommen könnte, zurückschrecken würde. Das hat sich auch einige Male in der Tat bestärkt. Aber dann kommt wieder ein Tag, da bringe ich nicht einmal so viel Energie auf, um mit einer Ameise fertig zu werden, die mir über den Weg läuft. Ein andermal kommt es mir vor, als könnte es mir absolut nichts ausmachen, wenn andere über mich reden. Zuweilen habe ich auch tatsächlich die Erfahrung gemacht, daß ich mich sogar noch darüber freuen konnte. Aber dann kommen Tage, an denen mich schon ein einziges Wort niederdrückt und ich am liebsten fortlaufen möchte, so zuwider ist mir alles. Und das ist nicht nur bei mir so. Das gleiche habe ich auch bei vielen anderen beobachtet, die bessere Menschen sind als ich. Daher weiß ich, daß es stimmt.

7   Wenn es aber stimmt, wer will dann noch von sich behaupten, er sei stark und reich im Tugendleben, zumal er sich gerade dann, wenn er die Tugend am nötigsten braucht, so arm erlebt? Nein, Schwestern, halten wir uns lieber immer für arm und machen wir vor Gott und der Welt keine Versprechen, die wir nicht einlösen können! Der Schatz muß von woanders herkommen, und wir wissen nicht, wann der Herr uns wieder im Gefängnis unserer Erbärmlichkeit sitzenläßt, ohne uns das Geringste zu geben. Und wenn andere uns für gut halten und uns unserer Tugenden wegen verehren – was die Leihgabe ist, von der ich sprach –, dann sind im Grunde sie und wir in gleicher Weise betrogen. Es ist schon wahr, daß uns der

Herr letztendlich in allen unseren Nöten beistehen wird, wenn wir ihm nur demütig dienen. Aber diese Demut muß wirklich vorhanden sein! Sonst läßt uns der Herr, wie man so sagt, auf Schritt und Tritt stolpern – was noch eine überaus große Gnade wäre, denn dann muß man endlich zur Demut finden und die Wahrheit erkennen, daß man nämlich tatsächlich nichts, aber auch gar nichts hat, was man nicht empfangen hätte.

8 Ich gebe euch noch einen Rat: Der Teufel redet uns gern ein, wir hätten eine Tugend – sagen wir: die Geduld –, nur weil wir uns diesbezüglich ein paar Vorsätze gemacht haben und uns gerade etwas häufiger in Erinnerung rufen, daß wir unsere Schwierigkeiten für Gott ertragen wollen. Dann kommt es uns so vor, als würden wir tatsächlich alle Nöte auf uns nehmen können. Wir sind sehr zufrieden mit uns, und der Teufel trägt das Seine dazu bei, daß wir uns recht sicher glauben. Ich gebe euch den guten Rat, bildet euch auf eure Tugenden nie etwas ein und sagt euch lieber, daß ihr sie nur dem Namen nach kennt! Meint nicht, daß ihr sie schon hättet, bevor ihr nicht den Beweis dafür seht. Denn schon ein einziges unliebsames Wort, das man zu euch sagt, kann genügen: dann ist es mit eurer Geduld vorbei. Wenn ihr tatsächlich häufiger die Kraft dazu habt, Unrecht still zu ertragen, dann preist Gott und dankt ihm dafür, daß er nun begonnen hat, euch in diese Tugend einzuführen . . .; faßt ein wenig Mut zum Leiden, denn wenn Gott euch Geduld schenkt, dann ist das ein Zeichen, daß ihr ihm durch Geduld antworten sollt. Und betrachtet solche Gaben, wie gesagt, immer nur als ein unverdientes Gut!

9   Auch folgende Versuchung kommt vor: Wir glauben, die Armut des Geistes schon ganz verwirklicht zu haben und reden ständig davon, wie losgelöst von allem wir sind und wie doch alles ein Nichts ist und keinerlei Reiz mehr für uns haben kann. Doch tritt dann der Fall ein, daß uns jemand etwas schenkt, vielleicht sogar etwas, was wir nicht einmal gebrauchen können, ist es aus mit unserer ganzen Armut im Geiste! – Wenn man viel von seiner vermeintlichen Tugend spricht, glaubt man schließlich, daß man sie hätte. Um diese Versuchung durchschauen zu können, ist es ratsam, sich selbst gegenüber stets kritisch zu sein, nicht nur was die Armut anbelangt, sondern auch in allen anderen Punkten. Denn wenn der Herr jemandem wirklich eine Tugend schenkt, zieht diese alle anderen nach sich. Das ist eine bekannte Tatsache. Ich rate euch also noch einmal: Selbst wenn ihr eine Tugend zu haben glaubt, dann denkt, es könnte eine Täuschung sein! Der wahrhaft Demütige ist immer im Zweifel gegenüber seinen eigenen Tugenden, während er in der Regel die Tugenden, die er bei seinen Nächsten wahrnimmt, für sicherer und für wertvoller hält.

21. (39.) Kapitel

1   Seid auch auf der Hut vor einer gewissen Art von »Demut« Töchter, die allein der Teufel eingibt und die uns in große innere Unruhe bezüglich der Schwere unserer Sünden versetzt. Damit quält der Böse die Menschen auf vielerlei Weise. Das geht so weit, daß manche nicht mehr zur Kommunion gehen oder kein persönliches Gebet mehr pflegen, weil sie glauben, dazu nicht würdig zu sein. Solche

Gefühle sind vom Teufel! Andere vertun die ganze Zeit nach dem Empfang des Heiligsten Sakramentes, in der Gott sie doch mit Gnaden beschenken möchte, damit, daß sie herumgrübeln, ob sie auch gut vorbereitet seien oder nicht. Ja, es kommt sogar vor, daß so eine Seele meint, Gott habe sie wegen ihrer Schlechtigkeit ganz und gar verlassen, und an seiner Barmherzigkeit zu zweifeln beginnt. In allem, was sie tun, sehen solche Menschen Gefahren lauern, und alles, womit sie Gott dienen, ist in ihren Augen – mag es noch so verdienstvoll sein – ohnehin wertlos vor Gott. Sie sind so mißtrauisch, daß sie die Arme sinken lassen und gar nichts mehr tun, weil sie meinen, es sei grundsätzlich alles verkehrt.

2 Merkt euch, Töchter, was ich euch dazu sagen will. Es mag ja manchmal tatsächlich Demut und Tugendhaftigkeit sein, sich für so schlecht zu halten. In der Regel aber ist das eine ganz gefährliche Versuchung. Weil ich sie an mir selber erfahren habe und sie lange durchleiden mußte, kenne ich sie gut.

Die wahre Demut, so ausgeprägt sie auch entwickelt sein mag, beunruhigt, verwirrt und verängstigt die Seele nicht, im Gegenteil, sie bringt ihr Frieden, innerliche Freude und Gelöstheit. Selbst wenn einer beim Anblick seiner ganzen Schlechtigkeit deutlich erkennt, daß er die Hölle verdient, selbst wenn er todtraurig wird und meint, alle müßten ihn doch zu Recht verabscheuen, ja selbst wenn er fast nicht mehr um Erbarmen zu bitten wagt, ist doch dieser Schmerz – wenn es sich um echte Demut handelt – mit einer solchen innerlichen Freude verbunden, daß man ihn nicht mehr missen möchte. Dieser Schmerz beunruhigt und bedrängt die Seele nicht, er macht sie vielmehr weit und befähigt sie, Gott noch mehr zu dienen. Der andere Schmerz dagegen bringt alles in Verwirrung, verängstigt die Seele und wühlt sie völlig auf, er ist eine furchtbare Qual. Ich glaube, der Teufel beabsichtigt damit nicht nur, uns einzureden, wir seien demütig, er versucht auf diese Weise vor allem, Mißtrauen gegen Gott in uns zu entfachen.

3 Wenn ihr euch in einem solchen Zustand erlebt, dann wendet die Gedanken von eurer Schlechtigkeit ab, so gut ihr nur könnt, und richtet sie auf die Barmherzigkeit Gottes. Denkt daran, daß er euch liebt und daß er für euch große Leiden ertragen hat. Wenn es sich jedoch um eine regelrechte Versuchung handelt, werdet ihr dazu gar nicht in der Lage sein, sie wird eure Seele nicht zur Ruhe kommen lassen und nur solche Gedanken erlauben, die euch noch mehr quälen. Aber es ist schon viel gewonnen, wenn ihr solche Gedanken und Gefühle wenigstens als Versuchung erkennt.

Das gleiche gilt auch von einem gewissen Hang zu übermäßigen Bußwerken. Durch diese Versuchung will uns der Teufel glauben machen, wir seien bußfertiger als andere und täten etwas Großes. Wenn ihr solche Gedanken dem Beichtvater oder der Priorin verheimlicht und wenn ihr mit diesen Sachen nicht aufhört, sobald es euch befohlen wird, könnt ihr ganz sicher sein, daß es sich um eine Versuchung handelt. Daher bemüht euch gerade auch in dieser Hinsicht zu gehorchen, – selbst wenn es euch in eurer Verblendung sehr schwer fällt; denn am Gehorsam offenbart sich immer, was wahre Vollkommenheit ist.

4   Eine weitere, ebenfalls sehr gefährliche Versuchung zeigt sich in einer gewissen inneren Sicherheit: daß wir nämlich glauben, wir würden auf keinen Fall mehr in frühere Sünden zurückfallen und hätten die Vergnügungen des weltlichen Lebens für immer hinter uns gelassen: »Ich habe ein für allemal erkannt, wie vergänglich alles ist!« sagt man dann, oder: »Ich habe nur noch an göttlichen Dingen Geschmack.« Tritt diese Versuchung am Anfang des geistlichen Lebens auf, kann sie schlimme Auswirkungen haben. Wenn man sich nämlich so sicher fühlt, setzt man sich schnell wieder den Gelegenheiten zur Sünde aus und fällt auf die Nase. Gott gebe nur, daß dieser Sturz nicht noch weit schlimmer ist als die frühere Lauheit und Halbherzigkeit! Denn wenn der Teufel sieht, daß ein Mensch ihm schaden und anderen voranhelfen kann, bietet er seine ganze Macht auf, um ihn am Aufstehen zu hindern. Daher rate ich euch dringend: Mag der Herr euch noch so viele innere Freuden und Zeichen seiner Liebe schenken – gebt euch niemals einer Sicherheit hin, die mit der Möglichkeit zu fallen nicht mehr rechnet und die Gelegenheit zur Sünde unterschätzt.

5   Ich halte es für sehr wichtig, daß ihr euch über die inneren Gnaden, die ihr empfangt, mit jemandem besprecht, der euch Klarheit schenken kann. Verheimlicht ihm nichts! – Achtet auch darauf: So erhaben auch eure Kontemplation sei, stellt immer die Selbsterkenntnis an den Anfang und das Ende eures Gebetes. Und wenn die Gnade von Gott ist, werdet ihr dies ohnehin und viel häufiger tun, ohne daß ihr es bewußt wollt und ohne daß ich euch darauf hingewiesen habe. Denn echtes Beten

bringt Demut hervor und führt zu der immer klareren Erkenntnis, wie klein und arm wir sind. – Ich will mich nun nicht länger bei solchen Ratschlägen aufhalten, es gibt ja genügend Bücher, in denen ihr entsprechende Belehrungen finden könnt. Ich wollte euch nur das sagen, was ich selber so manchmal durchlebt und durchlitten habe. Ratschläge allein, so viele man auch anhören mag, können uns ohnehin nicht vor solchen Versuchungen retten.

6 Ewiger Vater, können wir letztendlich denn etwas anderes tun, als zu dir zu kommen und dich zu bitten, du mögst nicht zulassen, daß diese so schwer erkennbaren Feinde uns in Versuchung führen? Offenkundige Versuchungen mögen nur kommen, mit deiner Gnade werden wir sie bestehen können! Aber diese heimtückischen Anschläge – mein Gott, wer kann sie erkennen? Stets und ständig wird es nötig sein, dich um deine Hilfe zu bitten. Sag uns doch ein Mittel, das uns hilft, die verborgenen Vorgänge in unserem Inneren zu durchschauen und vor dem Bösen sicher zu sein. Du weißt doch, daß ohnehin nicht gerade die Mehrheit der Christen den Weg des Betens geht, und wenn dann noch solche Gefahren auf uns lauern, werden ihn wohl noch viel weniger Menschen einschlagen.

7 Es ist doch sonderbar, was die Leute so reden! Als ob der Teufel diejenigen, die nicht beten, nicht versuchen würde! Alle sind sie darüber entrüstet, wenn einer, der den Weg des geistlichen Lebens geht, daneben getreten ist. Daß aber hunderttausend andere in Verblendung und offenkundiger Sünde leben, so daß man gar nicht erst zu

untersuchen braucht, ob ihr Zustand gut oder böse ist, weil man ja schon auf tausend Meilen erkennt, daß der Satan am Werk ist, das regt niemanden auf. Aber die Leute haben ja recht. Denn unter denen, die das Vaterunser in der besprochenen Art und Weise beten, gehen so wenige in die Irre, daß es jedesmal, wenn es dennoch vorkommt, Verwunderung erregt – wie wenn etwas noch nie Dagewesenes oder Ungewöhnliches geschieht. Es ist ja eine typische Eigenheit der Sterblichen, daß sie schnell über das hinweggehen, was sie tagtäglich sehen, aber in das große Staunen geraten, wenn sich Dinge ereignen, die sehr selten oder fast nie vorkommen. Die bösen Geister schüren solche Erregung natürlich noch, denn sie kommt ihnen gut gelegen. Zu viele Menschen gehen ihnen ja dadurch verloren, daß ein einziger den Weg der Vollkommenheit zu leben versucht.

22. (40.) *Kapitel*

1   Guter Meister, gib uns doch ein Mittel, das uns hilft, in einem so gefahrvollen Kampf ohne allzu große Nöte durchhalten zu können! – Die Mittel, die uns zur Verfügung stehen, Töchter, und die uns Seine Majestät bereits gegeben hat, sind Liebe und Gottesfurcht. Die Liebe wird unsere Schritte beschleunigen; die Furcht wird bewirken, daß wir genau hinschauen, wohin wir unseren Fuß setzen, damit wir auf dem Weg, auf dem man so manches Mal stolpern kann, nicht fallen. Denn Wanderer sind wir alle, solange wir leben. Liebe und Furcht werden uns Schutz geben, um nicht irre zu gehen.

2 Ihr werdet mich fragen: Woran kann man denn aber erkennen, ob man diese beiden Tugenden hat? Ihr fragt nicht zu Unrecht. Denn völlig sicher und bestimmt kann man sie nicht haben. Hätten wir die Gewißheit, im Vollbesitz der Liebe zu sein, wären wir auch sicher, daß wir uns im Stand der Gnade befinden. – Aber seht, Schwestern, es gibt doch wenigstens einige Anzeichen dafür, und die können selbst Blinde sehen! Liebe und Furcht bleiben in ihren Auswirkungen nicht verborgen. Selbst wenn ihr ihre Anzeichen nicht wahrnehmen wollt, würden sie sich laut und vernehmlich bemerkbar machen. Und weil es immer nur wenige sind, die mit diesen Tugenden in Vollkommenheit leben, fallen sie erst recht auf. Liebe und Furcht – das sind zwei feste Burgen, von denen aus man das Böse in der Welt und die Dämonen besiegt.

3 Wer Gott wirklich liebt, der liebt auch alles Gute, er will alles Gute, fördert alles Gute, lobt alles Gute, sucht Gemeinschaft mit denen, die das Gute lieben, er hilft ihnen und setzt sich für sie ein, er liebt nichts anderes als die Wahrheit und das, was es wert ist, geliebt zu werden. Meint ihr denn, jemand, der Gott wirklich liebt, könnte noch Nichtigkeiten lieben? Das kann er nicht mehr, er kann weder Reichtümer lieben noch sonstige weltliche Dinge, weder seichte Vergnügungen noch Ehre und Ansehen, er sucht auch keinen Streit, er ist nicht neidisch. Und das alles, weil er im Grund nichts anderes mehr will als dem göttlichen Geliebten Freude zu machen. Er könnte sterben vor Sehnsucht danach, von ihm geliebt zu werden. Er setzt sein Leben dafür ein, herauszufinden, wie er ihm noch mehr gefallen kann.

Verborgen bleiben? Gottesliebe kann nicht verborgen bleiben, wenn sie wirkliche Liebe ist, das ist ganz unmöglich! Seht euch doch einen heiligen Paulus an oder eine Magdalena! Beim heiligen Paulus konnte man schon nach drei Tagen sehen, wie er krank vor Liebe wurde. Magdalenas Liebe zeigte sich gleich am ersten Tag – wie herrlich kann man sie gerade an ihr beobachten! Auch in der Liebe gibt es ja ein Mehr und ein Weniger, und je nachdem, wie stark sie ist, läßt sie sich auch mehr oder weniger deutlich wahrnehmen. Ist sie schwach, so läßt sie sich auch nur schwach erkennen, ist sie stark, dann spürt man mehr von ihr. Aber ob nun schwach oder stark – wenn es sich wirklich um Gottesliebe handelt, ist sie immer zu erkennen.

4   Wir besprachen im einzelnen die zahlreichen Täuschungen und Illusionen, die der Teufel über kontemplative Menschen bringt. Ihre Liebe ist immer groß – sonst wären sie ja keine Kontemplativen! Sie ist daher auch deutlich und auf verschiedenste Art und Weise zu erkennen. Ihre Liebe ist wie ein großes Feuer, das gar nicht anders kann, als einen hellen Schein zu verbreiten. Wenn es nicht so ist, soll man sich selbst gegenüber sehr mißtrauisch sein und darf glauben, daß man allen Grund zur Besorgnis hat. Man muß dann versuchen, die Ursachen herauszufinden, sich Zeit zum Beten nehmen, demütig seinen Weg weitergehen und den Herrn bitten, daß er uns nicht in Versuchung führe. Denn es ist ganz offensichtlich: Wenn dieses Zeichen fehlt – so fürchte ich –, steht man schon mittendrin in der Versuchung! – Geht ihr demütig euren Weg und versucht, um Wahrhaftigkeit bemüht zu sein, unterstellt euch einem Beichtvater und eröffnet euch ihm

in Aufrichtigkeit und Ehrlichkeit, dann wird euch, wie ich schon sagte, gerade durch das, womit der Teufel euch den Tod zu bringen dachte, neues Leben geschenkt, mag er eurer Seele auch noch so viel Phantastereien und Illusionen vorgaukeln.

5 Wenn ihr also diese Liebe zu Gott, von der ich gesprochen habe, und ebenso die Furcht, von der noch die Rede sein wird, in euch bemerkt, dann geht froh und ruhig euren Weg! Der Teufel wird euch freilich tausend falsche Ängste einjagen und das Seine tun, damit auch andere euch verunsichern – nur um eure Seele zu verwirren und zu verhindern, daß ihr euch an den großen Gaben Gottes nährt. Da er uns schon nicht auf seine Seite bringen kann, versucht er uns wenigstens zu schädigen, und zwar mit Vorliebe diejenigen, die schnell Fortschritte machen könnten, wenn sie nur glauben würden, daß Gott tatsächlich auch so unwürdigen Geschöpfen, wie sie es sind, seine Gnaden, ja auch seine großen Gnaden, schenkt. In diesen Dingen sind wir ja manchmal so vergeßlich, all seine früheren Erbarmungen verlieren wir so leicht aus dem Blick!

6 Dem Teufel liegt nicht wenig daran, uns Angst zu machen, das könnt ihr mir glauben! Denn dadurch kann er ja gleich doppelten Schaden anrichten. Zum einen hält er die, die davon hören, vom inneren Beten ab, denn sie befürchten dann, sie könnten ebenfalls irregeführt werden, zum anderen weiß er ganz genau, daß ohne seine Abschreckmanöver viel mehr Menschen die Nähe Gottes suchen würden. Sie könnten ja dann viel leichter die Erfahrung machen, daß Gott gut ist und daß er trotz all

unserer Sündhaftigkeit die Freundschaft mit uns sucht – das würde doch ihr Verlangen nach Gott erst richtig wecken! Ich kenne selber mehrere Menschen, die durch solche Erfahrungen angeregt wurden und zu beten begannen und dann in kurzer Zeit große Gnaden vom Herrn empfangen konnten.

7 Wenn ihr aber seht, Schwestern, daß der Herr einer von euch reiche innere Gnaden schenkt, dann preist ihn von Herzen, aber meint nicht, eure Schwester sei deshalb schon vor allem Bösen sicher! Betet für sie um so mehr! Denn sicher kann niemand sein, solange er hier auf Erden lebt und dem stürmischen Meer ausgesetzt ist.

Wenn eine Schwester Gott wirklich liebt, werdet ihr es auch merken. Wie sollte sich die Liebe zu Gott verbergen können?! Es ist schon nicht möglich, daß Liebe zwischen den Geschöpfen verborgen bleibt; je mehr man sie zu verbergen sucht, desto mehr offenbart sie sich – und dabei ist sie im Vergleich zu jener Liebe etwas so Geringes, das den Namen Liebe gar nicht verdient, weil sie letzlich auf dem Fundament von Nichtigkeiten gegründet ist. Wie sollte da erst eine starke, echte Liebe zu Gott verborgen bleiben können; sie nimmt ständig zu, sie nimmt am Geliebten nichts wahr, weswegen sie erkalten könnte, sie ist auf das Fundament einer Gegenliebe gegründet, an der es keinen Zweifel gibt, weil sie sich durch Schmerz und Leid und Blutvergießen, ja sogar – um auch jeden letzten Grund zum Zweifel auszuschließen – durch die Hingabe in den Tod eindeutig als wahre Liebe erwiesen hat! O mein Gott, wie verschieden müssen die göttliche und die rein irdische Liebe für denjenigen sein, der beide erfahren hat!

8   Möge Seine Majestät uns diese Liebe schenken, noch bevor er uns aus dem Erdenleben nimmt! Denn in der Stunde unseres Todes wird es sehr tröstlich sein zu wissen, daß wir von dem gerichtet werden, den wir über alles geliebt haben. Ruhig und zuversichtlich werden wir dann zur Gerichtssitzung gehen, in der über unsere Schulden verhandelt wird. Nicht in ein fremdes Land wird uns der Tod führen, sondern in unser eigenes, in das Land dessen, den wir lieben und der uns liebt.

Meine Töchter, denkt an den Reichtum, den euch diese Liebe bringt, und macht euch klar, wohin wir kämen, wenn wir sie nicht hätten! Wir würden in schauerlich grausame Hände fallen, in die Hände des Versuchers, der alles Gute von Grund auf haßt und nur lieben kann, was von Grund auf böse ist.

9   Wie mag es wohl der armen Seele gehen, die nach den großen Schmerzen und Leiden des Sterbens sofort in solche Hände fällt? Sie wird nie zur Ruhe kommen. In sich selbst völlig zerrissen wird sie in die Hölle stürzen. Untiere in Mengen und von jeglicher Art werden über sie herfallen. Ein schrecklicher Ort! Und das ist nun für immer ihre Herberge! Wenn einer, der die Behaglichkeit liebt – vor allem solche Menschen werden wohl in die Hölle gehen –, schon kaum eine einzige Nacht in einer schlechten Unterkunft erträgt, wie wird es ihm erst dort zumute sein, wo er für immer und ohne Ende aushalten muß? Was denkt ihr denn, was diese arme Seele empfindet? – Suchen wir nicht das Bequeme und Angenehme, Töchter! Es geht uns doch gut, und diese schlechte Unterkunft hier auf Erden ist ja nur für eine Nacht. Loben wir Gott und geben

wir uns Mühe, daß unser Leben eine beständige Umkehr wird! Wie süß muß der Tod für den sein, der alle seine Sünden bereut hat und nicht ins Fegefeuer zu gehen braucht. Schon hier auf Erden könnt ihr anfangen, euch an der ewigen Herrlichkeit zu erfreuen, ihr werdet keine Furcht haben, sondern den vollkommenen Frieden in euch tragen.

10   Solange wir diesen Zustand nicht erreicht haben, Schwestern, laßt uns Gott bitten, daß wir die Sünden-strafen, die wir nach dem Tod vielleicht leiden müssen, gern auf uns nehmen, in der Hoffnung, daß sie hier ein Ende nehmen und daß wir die Freundschaft und die Gnade unseres Herrn nie verlieren. Bitten wir Gott auch, daß er uns alles schenkt, was uns davor bewahrt, in Ver-suchungen zu fallen, die wir nicht erkennen.

23. (41.) Kapitel

1   Wie lange habe ich wieder geredet! Und doch hätte ich gern noch mehr gesagt, denn es ist herrlich, über die Gottesliebe sprechen zu können. Wie schön muß es erst sein, wenn man sie auch lebt! Möge Seine Majestät sie mir schenken!

2   Sprechen wir nun von der Furcht Gottes. Auch sie ist als ein deutliches Anzeichen kontemplativen Lebens er-fahrbar, und zwar sowohl für den, der diese Tugend hat, als auch für diejenigen, die mit einem solchen Menschen Umgang haben. Allerdings ist zu beachten, daß die Gottes-

furcht am Anfang des geistlichen Lebens meist noch nicht sehr ausgeprägt ist, ausgenommen bei einigen wenigen, denen Gott entsprechend große Gnaden gibt, so daß sie in kurzer Zeit reich an dieser und an anderen Tugenden werden können. Deshalb ist sie nicht bei allen zu merken – am Anfang, meine ich. Allmählich aber nimmt sie zu, reift von Tag zu Tag. Sie zeigt sich darin, daß sich ein Mensch von Sünden lossagt, von Gelegenheiten zur Sünde, von schlechter Gesellschaft usw. Wenn jemand schon zum kontemplativen Leben gelangt ist – solche Menschen haben wir hier vor allem im Blick –, tritt sie natürlich erst recht deutlich zutage, wie die Gottesliebe ja auch. Bis in Äußerlichkeiten hinein wird sie spürbar. Man mag solche Menschen noch so scharf beobachten, man wird sie nie nachlässig oder leichtsinnig erleben, denn der Herr ist ihnen so nahe zur Seite, daß sie absichtlich keine läßliche Sünde begehen würden, selbst dann nicht, wenn sie große Vorteile davon hätten, und die Todsünden fürchten sie ohnehin wie das Feuer.

Ich wünsche mir, Schwestern, daß wir gegenüber der Gefahr der Täuschung sehr wachsam sind. Bitten wir Gott immer wieder, daß die Versuchungen niemals so viel Gewalt über uns haben, daß wir ihn beleidigen, ja daß er sie nur in dem Maße zuläßt, wie er uns die Kraft gibt, sie zu bestehen. Das verstehe ich unter der Gottesfurcht, und ich wünschte, daß sie uns nie fehlt, denn sie ist unser ganzer Schutz!

3 Es ist so wichtig, daß wir uns entschließen, den Herrn nie mehr zu beleidigen. Dann sind nämlich die Höllengeister gefesselt. Sie sind ja auch seine Diener und

Knechte, denn letztlich müssen ihm alle Geschöpfe wohl oder übel dienen, die einen gezwungenermaßen, die anderen aus freiem Willen. Wenn wir dem Herrn Freude machen, sind sie an die Kette gelegt und haben keine Möglichkeit mehr, uns zu schaden, so sehr sie uns auch in Versuchung führen und mit ihren geheimen Fangseilen zur Strecke bringen wollen. Hört also auf meinen Rat, und dies um so mehr, solange ihr nicht lieber tausendmal euer Leben hergeben würdet, als eine einzige Todsünde zu begehen, ja solange ihr nicht auch die läßlichen Sünden mit großer Sorgfalt meidet. Ich meine hier natürlich solche Sünden, die man wissentlich begeht. Denn wo ist ein Mensch, der nicht immer wieder Unrecht tut, ohne daß er es will? Man kann ja mit voller Absicht sündigen, man kann aber auch so schnell einer Versuchung erliegen, daß Anfechtung und Sündigen fast eins sind. Man versteht sich dann selber kaum. Vor einer wohlüberlegten Sünde jedenfalls, so harmlos sie auch sein mag, bewahre uns Gott! Denn harmlos ist nichts, was sich gegen eine so große Majestät richtet! Bedenkt doch, daß er bei allem zusehen muß! – Da sagt zum Beispiel jemand: »Herr, es gefällt dir zwar nicht, aber ich werde das und das tun; ich weiß zwar, daß du es siehst, ich weiß auch, daß du es nicht willst, und ich verstehe dich, aber dennoch will ich lieber meiner Laune und meinem Begehren folgen als deinem Willen.« So harmlos die konkrete Sache dann auch sein mag, meiner Meinung nach handelt es sich, wenn man eine solche Haltung dabei hat, um eine schwere Sünde.

4 Wenn ihr in der rechten Gottesfurcht leben wollt, Schwestern, dann denkt immer wieder darüber nach, wie

schlimm es ist, Gott zu beleidigen. Davon, wie echt solche Gottesfurcht in unseren Seelen verwurzelt ist, hängt ja unser ganzes Leben ab, und solange ihr nicht deutlich an euch wahrnehmt, daß ihr diese Tugend besitzt, müßt ihr äußerst wachsam sein und sorgsam alle Gelegenheiten und Gesellschaften meiden, die euch daran hindern, Gott entgegenzugehen. Bei allem, was ihr tut, seid darum bemüht, den Eigenwillen herzugeben. Achtet auch darauf, daß eure Worte aufbauend und helfend bleiben, und meidet alle Gespräche, in denen es nicht letztlich um Gott geht!

Es ist sehr notwendig, daß die Furcht unseren Seelen tief eingeprägt ist. Sie ist leicht zu erlangen, wenn wahre Liebe mit der inneren Entschlossenheit zusammengeht, um keinen Preis der Welt Gott zu beleidigen; erst dann brauchen wir nicht mehr so ängstlich besorgt zu sein und müssen uns nicht mehr absichtlich Grenzen setzen. Freilich werden wir die Erfahrung machen, daß diese Entschlossenheit wieder verlorengehen kann. Wir sind eben schwach und können uns auf uns selber nicht verlassen. Ja, je entschlossener wir sind, um so weniger dürfen wir uns auf uns selbst verlassen! Unser ganzes Vertrauen muß auf Gott gerichtet sein. – Wenn wir also, wie ich sagte, bei aller Armseligkeit solche Entschlossenheit bei uns feststellen, brauchen wir nicht mehr ängstlich zu sein. Wir dürfen getrost mit der Hilfe des Herrn rechnen. Schon daß wir uns inzwischen an eine gewisse Regelmäßigkeit und Ordnung gewöhnt haben, wird uns Hilfe sein, ihn nicht mehr zu beleidigen. Geht dann auch mit den Menschen, selbst wenn sie recht zerstreut und oberflächlich sind, in heiliger Freiheit um.

Denn Kontakte, die zuvor, als ihr diese Gottesfurcht noch nicht in euch hattet, Gift für euch waren und nur zum Tod eures inneren Lebens beigetragen hätten, werden euch nun eher Grund geben, Gott um so tiefer zu lieben, sie werden euch Anlaß sein, ihm zu danken, daß er euch vor Gefahren bewahrt hat, die so offenkundig sind und die ihr jetzt durchschaut. Und wenn ihr vorher vielleicht sogar noch selbst mit dazu beigetragen habt, die Fehler und Schwächen eurer Gesprächspartner zu fördern, so seid ihr ihnen jetzt eine wirkliche Hilfe. Denn allein schon eure Gegenwart wird sie im Bösen verunsichern und im Guten bestärken, auch wenn sie es euch nicht eingestehen werden.

5 Ich preise den Herrn oft dafür – so oft ich darüber nachdenke –, daß mancher Diener Gottes allein durch seine Anwesenheit beleidigende Reden gegen Gott verhindert, ohne selber auch nur ein Wort zu sagen. Das kann man sich wohl am besten durch eine ähnliche Erfahrung unter Menschen erklären: Von unseren Freunden wird man uns gegenüber immer mit Respekt reden, auch wenn sie abwesend sind; man wird nichts Beleidigendes über sie sagen, weil man ja weiß, daß wir ihnen nahestehen. Ähnlich muß es sich wohl bei einem Menschen verhalten, der im Stande der Gnade lebt: Die Gnade selber bewirkt, daß man Achtung vor ihm hat, selbst dann, wenn er aus ganz einfachen Verhältnissen stammt; in seiner Gegenwart wird man nichts Negatives über Gott sagen, weil man spürt, daß er dadurch leiden würde. Im letzten weiß ich auch nicht, warum es so ist. Ich weiß nur, daß dies sehr häufig vorkommt.

Seid also nicht zu ängstlich! Denn wenn der Mensch erst anfängt, eng zu werden, wirkt sich das auf all seine guten Bemühungen negativ aus. Manch einer wird so skrupulös in seinem Denken und Empfinden, daß mit ihm nichts Rechtes mehr anzufangen ist, er kann keinem mehr weiterhelfen, weder anderen noch sich selbst. Einer, der so eng und ängstlich ist, er muß noch gar nicht einmal regelrechten Skrupeln verfallen sein, mag persönlich ein noch so ordentliches Leben führen, er wird nicht viele Menschen für Gott begeistern! Denn es ist nun einmal so, daß solche Menschen auf uns abschreckend wirken, ihre Gegenwart tötet alles Lebendige. Die Leute werden den Weg, den ihr geht, nur meiden, wenn sie euch so erleben, selbst wenn sie vom Verstande her überzeugt sein sollten, daß eure Lebensform ein ernst zu nehmender Weg zur Heiligkeit ist.

6   Gerade in der geistlichen Enge wurzelt ein schreckliches Übel, nämlich das vorschnelle Urteil über den anderen. Wenn einer sich nicht genauso verhält wie wir, wenn er zum Beispiel mit einem Menschen, dem er weiterhelfen will, frei und ungezwungen umgeht, dann halten wir ihn gleich für unvollkommen. Bewegt er sich mit einer heiligen Gelassenheit und Freude, deuten wir das gleich als mangelnde Sammlung oder Ausgelassenheit. Wir übersehen, daß er vielleicht wirklich heiliger ist als wir. Das ist eine sehr gefährliche Haltung, sie kommt bei uns, die wir nicht entsprechend geschult sind und nicht wissen, was man tun kann, ohne schon zu sündigen, besonders leicht vor. Gerade bei uns ist das eine ständige Versuchung, die sehr böse Folgen hat, weil der Nächste dabei zu Schaden

kommt. Zu meinen, wenn einer seinen Weg nicht genauso geht wie wir, genauso ängstlich und verkrampft, gehe er seinen Weg nicht richtig, ist etwas Furchtbares!

Enge bringt noch eine weitere Gefahr mit sich: daß man nämlich da, wo man reden müßte, und zwar zu Recht reden müßte, sich nicht getraut, etwas zu sagen, aus Furcht, man könnte in der negativen Bewertung des Sachverhaltes zu weit gehen; oder auch, daß man eine Sache positiv darstellt, die man lieber verurteilen sollte.

7 Bemüht euch also, Schwestern, zu allen Menschen freundlich zu sein – freilich soweit es euch ohne zu sündigen möglich ist. Versucht sie zu verstehen, so daß sie das Gespräch mit euch schätzen und den Wunsch haben, auch so zu leben und zu handeln wie ihr, und nicht im Gegenteil von der Tugend abgeschreckt werden und Angst bekommen. – Und was für Ordensfrauen besonders wichtig ist: Je heiliger ihr seid, um so umgänglicher müßt ihr euch gegenüber euren Mitschwestern verhalten. Tut es dir auch manchmal weh, daß ihre Gespräche nicht so gehaltvoll sind, wie du es erwarten würdest, so darfst du dich ihnen doch niemals entziehen, wenn du ihnen Hilfe sein und von ihnen geliebt werden willst. Das ist es überhaupt, worum wir immer wieder bemüht sein müssen: zuvorkommend, gefällig, freundlich und liebenswürdig zu sein gegenüber allen, mit denen wir Umgang haben, und besonders gegenüber unseren Mitschwestern.

8 Deshalb versucht zu begreifen, meine Töchter, daß es bei Gott wirklich nicht um all den Kleinkram geht, wie ihr manchmal denkt. Gebt acht, daß Geist und Gemüt nicht

eng werden, denn dann geht euch viel Gutes verloren! Eure Absichten seien redlich und euer Wille, wie gesagt, fest entschlossen, Gott nicht zu beleidigen. Aber sperrt eure Seele nicht ein! Denn anstatt in der Heiligkeit zu wachsen, würde sie nur immer mehr Unvollkommenheiten annehmen, die der Teufel dann leicht und unbemerkt einschleusen kann. Und wie gesagt: Weder sich noch anderen würde man dann noch viel nützen, obwohl man eigentlich dazu in der Lage gewesen wäre.

9   Ihr seht also, mit Hilfe dieser beiden Tugenden, der Gottesliebe und der Gottesfurcht, kann man in Ruhe und ohne Angst seinen Weg gehen. Nur darf man darin nicht nachlässig werden. Die Gottesfurcht muß uns immer begleiten. Denn absolute Sicherheit werden wir in den geistlichen Dingen nie haben, solange wir auf Erden leben, sie wäre sogar sehr gefährlich. Das wußte natürlich auch unser guter Meister, als er am Schluß dieses Gebetes die folgenden, so notwendigen Worte sagte:

». . . sondern erlöse uns von dem Bösen.«

24. (42.) Kapitel

1 Mir scheint, Jesus hatte allen Grund, so für sich zu
beten. Wir wissen, wie sehr er dieses Lebens müde war, als
er beim Abendmahl zu seinen Aposteln sagte: »Mit Sehnsucht habe ich danach verlangt, dieses Paschamahl mit
euch zu essen.«[22] Es war das letzte Mahl seines Lebens.
Wie lebenssatt muß er sich bereits empfunden haben ...
Und heute möchten sogar die Hundertjährigen immer
noch länger leben. Freilich, so schlimm haben wir auch
nicht zu leiden, unser Leben ist nicht so von Schmerz und
Armut gezeichnet wie das Leben Seiner Majestät. Sein
Erdendasein war doch nichts anderes als ein andauerndes
Sterben! Hatte er nicht ständig den grausigen Tod vor
Augen, den man ihm bereiten würde? Aber selbst das war
nicht das Schlimmste. Unzählige Male zusehen müssen,
wie der Vater beleidigt wird, zusehen, wie so viele Menschen verlorengehen ... – wenn das schon einem von uns,
der nur ein wenig Liebe in sich hat, großen Schmerz
bereitet, was muß dann erst der Herr in seiner unermeß-
lichen und grenzenlosen Liebe empfunden haben? Ja, er
hatte wirklich allen Grund, den Vater zu bestürmen, ihn
doch endlich von so viel Bösem und von so viel Leid zu be-

[22] Lk 22,15.

freien und ihn für immer ausruhen zu lassen in seinem Reich, dessen eigentlicher Erbe er war.

2 »... *Amen.*« Soweit ich es recht verstehen kann, sagt der Herr mit diesem letzten Wort, mit dem ja alle Gebete enden, daß wir wirklich von allem Bösen für immer erlöst werden möchten.

Also flehe ich den Vater an, mich von allem Bösen für immer zu befreien. Denn ich kann ja von mir aus meine Schulden nicht abtragen, eher mache ich sie von Tag zu Tag nur noch größer. Und was mir ganz und gar unerträglich ist, Herr: daß ich mir nicht sicher sein kann, ob ich dich liebe und ob meine Sehnsucht nach dir deinen Gefallen findet.

O mein Herr und mein Gott, erlöse mich doch endlich von allem Bösen und sei so gut, mich dorthin zu führen, wo alles Gute ist! Was kann denn einer, dem du auch nur ein klein wenig Einblick in die wahre Natur dieser Welt gegeben hast, auf Erden noch erhoffen? Woran soll man denn hier noch Freude finden, wenn man mit lebendigem Glauben auf das wartet, was der ewige Vater für uns vorbereitet hat?

3 Wenn wir diese Bitte mit großer innerer Sehnsucht und in aller Entschiedenheit beten können, ist das eine Frucht des kontemplativen Lebens und ein Zeichen dafür, daß die Gnaden, die wir im Gebet erfahren haben, von Gott sind. Wer so beten kann, sehe das also als große Gnade an. Daß auch ich so bete (ich will nicht, daß ihr mich zu hoch einschätzt!), hat allerdings einen anderen Grund: Ich habe ein so schlechtes Leben geführt, daß ich mich fürchte, noch

länger weiterzuleben, ich bin einfach all der Bedrängnisse, in die ich mich selbst gebracht habe, müde. – Daß aber Menschen, die von der Gnade Gottes gekostet haben, sich danach sehnen, dort zu sein, wo sie solche Gaben nicht für den Augenblick, sondern für immer haben, das ist doch nicht verwunderlich! Sie wollen freilich nicht länger einem Leben ausgeliefert sein, das ihnen so viele Hindernisse in den Weg stellt, das ersehnte Gut für immer in Besitz zu nehmen. Sie sehnen sich danach, dort zu sein, wo die Sonne der Gerechtigkeit nie mehr untergeht. Nach solchen Erfahrungen muß ihnen ja alles, was sie hier auf Erden sehen, dunkel und finster erscheinen. Ich wundere mich überhaupt, wie sie noch leben können! Nein, dieses Leben kann nicht mehr letzte Erfüllung sein, wenn man etwas von der Nähe Gottes gespürt hat, wenn man schon hier auf Erden sein Reich erfahren konnte und nicht mehr nach dem eigenen Willen, sondern nach dem Willen des Königs lebt.

4 Was muß das für ein elendes Leben sein, wenn man dem Tod nicht mit Sehnsucht entgegengehen kann?! Wie verschieden kann unser menschlicher Wille vom Willen Gottes sein: Gott will, daß wir uns nach dem Ewigen ausstrecken – wir beugen uns zu den Dingen herunter, die vergänglich sind! Er will, daß wir nach großen und hohen Werten streben – wir aber hängen uns an das Niedrige und rein Irdische! Er möchte, daß wir das suchen, was allein Sicherheit gibt – wir aber lieben das Fadenscheinige!
Das sind doch dumme Spielchen mit dem eigenen Leben, meine Töchter! Bestürmen wir Gott, uns vor diesen Gefahren für immer zu retten und uns von all dem Bösen end-

lich zu befreien. Auch wenn unser Sehnen danach noch nicht vollkommen ist, so fassen wir doch Mut, diese Bitte wenigstens bewußt auszusprechen. Warum sollten wir nicht um so Großes bitten? Wir bitten doch den Allmächtigen! Was er uns dann tatsächlich gibt, das wollen wir freilich seinem Willen überlassen, wir haben ihm ja unseren Willen geschenkt! In Ewigkeit werde dein Name geheiligt, im Himmel und auf Erden, und in Ewigkeit geschehe an mir dein Wille. Amen!

5   So, nun schaut her, Schwestern! Wie gut ist der Herr, daß er euch und mich den Weg des Betens gelehrt hat, den ich euch in diesem Buche zu erklären begonnen habe. Ja, wie gut ist er, daß er mich überhaupt begreifen ließ, wieviel in diesen Worten des Evangeliums enthalten ist! Ich hätte mit Sicherheit niemals daran gedacht, daß in diesem Gebet so tiefe Geheimnisse enthalten sein könnten! Wie ihr gesehen habt, beinhaltet es den gesamten Weg des geistlichen Lebens von seinen Anfängen bis dahin, wo Gott die Seele in sich versenkt und ihr am Ziel des Weges aus der Quelle lebendigen Wassers im Übermaß zu trinken gibt.
Vielleicht hat uns der Herr ein wenig davon gezeigt, wieviel Trost in diesem Gebet enthalten ist. Es bringt so großen Gewinn, gerade auch für diejenigen, die nicht lesen können. Wenn man es nur recht zu verstehen versucht, kann man so viele Lehren darin finden und wirklich getröstet werden.

6   Schwestern, lernt von der Demut, mit der unser guter Meister uns unterrichtet! Und sagt ihm, er möge mir ver-

zeihen, daß ich es gewagt habe, über so hohe Dinge zu sprechen. Seine Majestät weiß ja, daß mein Verstand dazu nicht fähig ist und daß ich nichts hätte sagen können, wenn er es mich nicht gelehrt hätte. Dankt ihm dafür, Schwestern! Denn sicherlich hat er mir das alles gegeben, weil ihr so demütig wart, gerade mich darum zu bitten und von einem so armseligen Wesen, wie ich es bin, Unterweisung anzunehmen.

7 Bevor ihr dieses Buch in die Hände bekommt, werde ich es einem Präsentatus, meinem Beichtvater Fr. Domingo Bañez, zur Durchsicht geben. Ist er der Meinung, daß es euch nützen kann, und stellt er es euch zur Verfügung, dann soll es mir eine Freude sein, wenn ihr darin Nahrung findet. Ist es jedoch zum Lesen nicht geeignet, dann nehmt meinen guten Willen an! Jedenfalls habe ich euren Auftrag erfüllt. Für die Mühe, die ich mit dem Schreiben hatte, bin ich längst reichlich belohnt worden. Und das Nachdenken über das, was ich gesagt habe, hat mir ohnehin keine Mühe gemacht.

Der Herr, von dem alles Gute kommt, was wir reden, denken und tun, sei gelobt und gepriesen! Amen.

IN DER GEBETSSCHULE JESU

EINE MEDITATIONSHILFE

Reinhard Körner OCD

Als die Jünger mit der Bitte zu Jesus kamen, er möge sie beten lehren, sprach er ihnen das Vaterunser vor.[23] Ob das nicht ein Fehler war? Er sagt noch selber: »Wenn ihr betet, sollt ihr nicht plappern wie die Heiden . . . (Mt 6,7) – und dann lehrt er einen Gebetstext, der geradezu zum »Plappern« einlädt! Ist nicht gerade das Vaterunser schuld daran, daß viele Christen *nicht* beten lernen? Bei Tisch oder am Grabe, als Morgen- oder als Abendgebet, für den Frieden in der Welt oder um einen guten Prüfungsabschluß – für alles ein Vaterunser; man braucht dann nicht selbst zu überlegen, was man Gott sagen soll. Das Vaterunser wird zu einer Gebetsformel, mit der man die Pflicht vor Gott erfüllen oder vorgetragene Bitten unterstreichen kann – und wohl gar nicht so selten ist die Vorstellung, die Anzahl der gesprochenen Vaterunser erhöhe ihre Wirkung.

Die Jünger hatten sich von ihrem Herrn – darüber besteht kein Zweifel – nicht einen Gebetstext gewünscht, sondern

---

[23] Die Heilige Schrift überliefert das Vaterunser in zwei Fassungen, in einer ursprünglicheren Kurzform Lk 11,2b–4 und in einer erweiterten Fassung Mt 6,9b–13. Letzere ist in den liturgischen Gebrauch übergegangen. Der Abschluß »Denn dein ist das Reich . . .« ist ein späterer Zusatz.

Unterweisung und Anleitung, wie sie sich ganz Gott zuwenden und die innere Gemeinschaft mit ihm finden könnten. Sie hatten Jesus im Gebet erlebt – und davon waren sie tief betroffen. Sie hatten gespürt, daß in ihrem Meister etwas vorgeht, das groß und heilig ist, das den Menschen zutiefst zum Menschen macht – und da baten sie ihn, etwas von dem miterfahren zu können, was zwischen ihm und seinem Vater geschieht. Lukas wollte das festhalten, wenn er erzählt: »Jesus betete einmal an einem Ort; und als er das Gebet beendet hatte, sagte einer seiner Jünger zu ihm: Herr, lehre uns beten . . .« (Lk 11,1).

Es kann also nicht die Absicht Jesu gewesen sein, daß seine Jünger einen Text zum bloßen, wenn auch andächtigen Aufsagen lernen und dann später weitergeben sollten. Das haben die großen Beter im Laufe der Kirchengeschichte immer wieder neu erkannt. Bei näherem Hinsehen offenbarte sich ihnen das Herrengebet wirklich als Antwort auf die Bitte der Jünger: »Herr, lehre uns beten, wie schon Johannes seine Jünger beten gelehrt hat (Lk 11,1).« Nicht zum rezitierenden Beten ist das Vaterunser in erster Linie gedacht, sondern zum Sich-hinein-lauschen und zum Hinein-hören, zum Meditieren. Von Bruder Klaus von Flüe zum Beispiel ist bekannt, daß er sich zu einem einzigen Vaterunser vier Tage Zeit nahm, während er zu Fuß zum Kloster Einsiedeln wallfahrtete.

»Selbst wenn wir in einer Stunde nicht mehr als ein einziges Vaterunser beten«, schreibt Teresa von Ávila, »so genügt ihm (dem Herrn) das – wenn wir nur daran denken, daß wir bei ihm sind, und die Bitten, die wir da rezitieren, auch verstehen. Wenn wir nur wüßten, wie gern er uns beschenkt und welche Freude es ihm bereitet, bei uns zu sein! Er will nicht, daß wir mit dauerndem Reden unseren Geist ermüden. Möge der Herr euch in diese Art zu beten einführen, soweit ihr sie noch nicht kennt!« (S. 78) – Teresa richtet diese Worte an ihre Schwestern in dem von ihr neu gegründeten Karmelitinnenkloster San José. Sie hatte sich, wie viele vor ihr und nach ihr, in das Vaterunser hineinmeditiert; sie suchte zu verstehen, was Jesus mit diesen Gebetsworten eigentlich sagen wollte. Und das war ihre Entdeckung:

Jesus hat seine Freunde nicht mit Anweisungen und Ratschlägen beten gelehrt, sondern indem er sie an seinem eigenen Beten teilnehmen ließ. Er hat sie gewissermaßen nicht »an der Hand« sondern »am Herzen« geführt. Er hat ihnen Worte vorgesprochen, die sie nachempfinden und zu den eigenen Worten machen sollten. Im Vaterunser betet er den Jüngern vor, damit sie nachbeten. Im Nachsprechen und Nachempfinden sollte nicht nur der Mund, sondern der ganze Mensch beten lernen.

Auf diese Weise, davon ist Teresa überzeugt, verfährt Jesus auch heute. Darum schreibt sie: »Gut ist es . . ., sich vor Augen zu halten, daß jede einzelne das Vaterunser von ihm lernt, daß er selber jede Schwester darin unterweist . . .« (S. 50).

Wenn ich mir also vorstelle, daß Christus bei mir ist und mir jede Bitte vorspricht, damit ich sie *nach*bete und mit ihm *mit*bete, kann das so vertraute, aber oft gedankenlos rezitierte Vaterunser wirklich zu einer Schule des Betens werden. Teresas Anregungen im *Weg der Vollkommenheit* können dabei eine wertvolle Hilfe sein.

Die Heilige schreibt keinen Vaterunser-Kommentar. Sie leitet den Leser an, sich in eine Schule zu begeben, in der er beten lernen kann. Lauschen soll ich, mir das Vaterunser Wort für Wort vorsprechen lassen, bevor ich es selber spreche. Ich soll hineinhören in den Innenraum meiner Seele, wo Christus, der Lehrmeister in dieser Schule des Betens, die Worte von damals heute spricht. Ich soll ihn fragen: Warum betest du mir diese Worte vor? Was meinst du mit jener Bitte? Wer bist du, was für eine Seele hast du, Jesus, wenn du so mit dem Vater redest – und mit mir? . . . – Eine neue Welt tut sich auf. Eine Lehrzeit beginnt . . . Wichtig ist, daß ich mir Zeit lasse für jedes einzelne Wort, eine bewußt dafür reservierte Viertelstunde, Tage, Jahre . . .

Teresa, die viel auf das Urteil der Theologen gab, würde heute der exegetisch-bibeltheologischen Forschung über das Herrengebet großes Interesse schenken. Die Studie des Erfurter Neutestamentlers Heinz Schürmann, die bereits im Titel das Vaterunser eine »Gebets- und Lebensschule Jesu«[24] nennt, hätte ganz gewiß Teresas Aufmerksamkeit gefunden.

Vater unser . . .

Der Meister betet in mir – ich spreche ihm nach und mit ihm zu Gott hin: »Unser Vater . . .«

Christus macht seinen Vater zu meinem Vater! Das Kostbarste, Wertvollste, Innerlichste, das er hat, teilt er mit mir. Sein Gott soll auch mein Gott sein.

Mehr noch: Anstelle der allgemeinen Formel »Unser *Gott*« spricht er mir seine ganz persönliche Gottesanrede vor. In

[24] *Heinz Schürmann*, Das Gebet des Herrn als Gebets- und Lebensschule Jesu, 7., verbesserte und erweiterte Auflage, Leipzig 1989.

seiner aramäischen Muttersprache sagt Jesus zu Gott: »Abba«; er betet mit einem Urwort des Vertrauens, mit einem der beiden ersten Worte, die der Mensch sagen lernt, wenn er sich der bergenden, liebenden Gegenwart von Mutter und Vater bewußt wird und sich noch nicht anders als in Lallworten – »Imma (Mama)« und »Abba (Papa)« – artikulieren kann. So zu Gott zu reden war dem Denken seiner Umwelt nicht nur fremd, sondern geradezu eine Unerhörtheit. »Tatsächlich bestätigen uns die Kenner der jüdischen Gebetsüberlieferung«, schreibt Heinz Schürmann, »daß diese Anredeform *abba* in den jüdischen Gebeten der damaligen Zeit keine eigentliche Parallele hat . . . Jesus wagt also im Gespräch mit Gott – gegen den Sprachgebrauch seiner Zeit – die familiär übliche Anrede abba, ›lieber Vater‹.«[25] – Christus teilt mit mir sein vertrauliches, innerlich-persönliches Vaterwort, das »Abba – lieber Vater«. Sein Gottesverhältnis soll auch mein Gottesverhältnis sein.

Man muß lange in sich hineinhorchen, dem von Christus vorgesprochenen »Unser Vater« hinterherlauschen . . . Wer ist dieser Angeredete? Was für ein Gott muß das sein, zu dem Christus das so zärtlich liebevolle und zugleich so alles andere als verniedlichende, fest vertrauensvolle »lieber Vater« sagt?

Vielleicht entsteht ein Konflikt in mir – zwischen seinem Gott und meinem »Gott« (falls ich so bewußt überhaupt einen Gott habe!) Das »Abba – lieber Vater« im Munde Jesu richtet sich nicht an eine bloß weltanschauliche Größe meiner christlichen Überzeugung, nicht an den »Gott der

---

[25] Ebd. 24f.

Philosophen«, nicht an den fernen »Vater überm Sternenzelt«, nicht an den angstmachenden Richtergott ... Der
Gott, zu dem ich jetzt mit Christus »lieber Vater« sagen
darf, muß so ganz anders sein, anders als die Erfahrungen
– seien sie positiver oder negativer Art –, die sich von
Kindheit an mit dem Wort »Vater« in meiner Seele eingeprägt haben, anders vielleicht auch als das Gottesbild, das Religionsunterricht und religiöse Erziehung in
meine Vorstellungskraft malten ... Das »Abba – lieber
Vater« bringt von jeher Revolution in das Gottesbild! –
So wundert es nicht, wenn schon das erste Wort im
Vaterunser auch in mir Neues aufbrechen läßt, Verengtes, Krankmachendes zutage fördert und Heilendes anbietet.

Revolution erfährt aber auch das Menschenbild. Denn so
ausdrücklich und persönlich sich Christus *mir* widmet, so
ist er auch der Lehrer meines Bruders! »Die Vateranrede,
wie Jesus sie versteht, ist ›gemeindebildend‹, ist ›kirchenkonstitutiv‹. Wer Gott ›Vater‹ nennt, macht im gleichen
Augenblick die Entdeckung, daß er ›Brüder‹ hat – daß er
nie einsam und allein vor den Vater treten kann.«[26]
Christus betet mir vor: »Unser Vater«, damit mein Inneres
diesen zwei Worten nachgeht und aufzubrechen beginnt in
die Freiheit. Denn *sein* Gott läßt leben – auch einen Menschen wie mich.

»O mein Gott«, betet Teresa, »als welch eines Sohnes
Vater offenbarst du dich hier, und als welch eines Vaters
Sohn offenbart sich dein Sohn! ... Die Gnade, gemeinsam
mit dir Gott ›Vater‹ nennen zu dürfen, ist um so größer,

[26] Ebd. 27f.

Herr, da du sie uns nicht erst am Ende dieses Gebetes schenkst; schon wenn wir es zu sprechen beginnen, füllst du uns die Hände und machst uns ein so großes Geschenk« (S. 63f).

... im Himmel

»Nun betrachtet die nächsten Worte, die euer Meister sagt ... Ihr denkt vielleicht, es sei doch nicht so wichtig, zu wissen, was ›Himmel‹ ist und wo man Gott, den heiligsten Vater, zu suchen habe? Nun, meiner Meinung nach ist es für leicht zerstreute Gemüter nicht nur äußerst wichtig, an den Himmel zu glauben; man sollte sich sogar darum bemühen, ihn durch eigene Erfahrung zu kennen« (S. 67). Mit diesen Worten beginnt Teresa, ihre Schwestern in den zweiten Teil der Vaterunser-Anrede einzuführen. Sie will zeigen, wie Christus mit dem Wort vom »Himmel« auf den »Ort« hinweisen möchte, wo Gott, sein und unser Vater, dem Jünger zur Erfahrung werden kann. Diese Belehrung tut not. Denn die alte, verbreitete Vorstellung vom »Himmel droben« und der »Erde unten« hat dazu geführt, daß viele Menschen mit einem Gott leben, der weit entfernt, eben »im Himmel droben« ist und von dorther bestenfalls eine gute Übersicht behält. Mit einem solchen Gottesbild findet man aus den Kinderschuhen des Glaubens nicht heraus.

»Wie ihr wißt, ist Gott überall gegenwärtig«, und »wo Gott ist, da ist der Himmel« (S. 67f), erklärt Teresa. Hinter dieser einfachen Feststellung steht eine wichtige Erkenntnis: Die Welt ist mittendrin im Himmel, kein Atomteilchen ist ohne Gott. Gott ist ständig »Urgrund aller Dinge«, wie die Theologie seit altersher lehrt. Er ist mir so nahe wie dem Fisch das Wasser und dem Vogel die Luft. »Vater unser im Himmel« – das heißt: Vater, du bist da, wo immer ich gehe und stehe.

Doch selbst diese Erkenntnis ist der Heiligen noch zu »äußerlich«. Wenn Gott Urgrund aller Dinge ist, dann ist er folglich auch *in* allen Dingen – und also auch *im Menschen* gegenwärtig. Der Himmel ist mir in meinem Innern am nächsten.

Das gilt noch von einer weiteren Überlegung her. Das Wesen einer anderen Person, das Eigentliche eines personalen Gegenübers wird nicht mit den äußeren fünf Sinnen wahrgenommen, sondern mit dem »Herzen«, mit dem »inneren Sinn der Seele« (Johannes vom Kreuz). Gott, der keine mit den äußeren Sinnen wahrnehmbare Gestalt besitzt, ist folglich *nur* mit dem »inneren Sinn« zu erfahren.

Mit der Anrede »Unser Vater im Himmel« lenkt Christus den Blick des Beters nach innen, weil ihm dort der Himmel am nächsten ist. In dieser Erkenntnis ist sich Teresa eins mit allen Meistern des geistlichen Lebens. »Der heilige Augustinus sagt, er habe Gott überall gesucht, gefunden habe er ihn in seinem eigenen Inneren. Wie wichtig ist es für einen leicht zerstreuten Menschen, diese Wahrheit zu begreifen! Er muß nicht erst zum Himmel aufsteigen, um mit seinem Vater zu sprechen . . . So leise die Seele auch spricht – der Vater ist so nahe, daß er uns hört . . . In die Einsamkeit muß man gehen und ihn im eigenen Innern anschauen. Und dann darf man einem so lieben Gast gegenüber nicht fremd tun. In aller Demut kann man mit ihm reden wie mit einem Vater, ihn bitten, wie man eben einen Vater bittet, ihm alle Nöte aufzählen, ihn um Hilfe anrufen . . .« (S. 68) Teresa fügt aber auch – um das Mißverständnis zu vermeiden, man könne dann nach Belieben über Gottes Güte verfügen – die Mahnung hinzu: ». . . – freilich immer in dem Bewußtsein, daß man es gar nicht wert ist, seine Tochter zu sein« (S. 68).

In der Vaterunser-Schule Jesu lernte Teresa, daß man die Augen schließen muß, damit einem die Augen aufgehen . . . »Hätte ich damals erkannt, was ich heute weiß, daß in diesem kleinen Palast meiner Seele ein so großer König wohnt, ich glaube, ich hätte ihn nicht so oft alleingelassen. Ich hätte mich häufiger bei ihm aufgehalten, ich hätte mich auch mehr darum bemüht, nicht so schmutzig herumzulaufen« (S. 73f).

In diesem Zusammenhang kommt Teresa auf das »Gebet der Sammlung« zu sprechen. Darunter versteht sie – wie auch andere geistliche Autoren ihrer Zeit – eine der drei inneren Gebetsweisen, in die Gott den Beter im Laufe des Lebens einführen kann. Über die zweite und dritte Form, das »Gebet der Ruhe« und das »Gebet der Vereinigung«, wird sie bei der Erklärung späterer Vaterunser-Bitten sprechen.

»Gebet der Sammlung« – das klingt in vielen Ohren wie eine unerreichbar hohe Kunst. Sammlung fällt schwer, auch denen, die sich redlich darum bemühen. Das Bekenntnis im Beichtstuhl: »Ich war zerstreut und unandächtig beim Gebet« ist wohl gar nicht so selten. Da tut es gut zu hören, daß Teresa nicht vom Gesammelt*sein*, sondern vom *Sich-sammeln* spricht. Der Zustand des Gesammeltseins ist erst Thema in der Erklärung der zweiten Gebetsweise. Das mehr oder weniger erfolgreiche Sichmühen, um zur inneren Sammlung zu finden, ist für Teresa

schon Gebet! Sie erklärt: »Man nennt sie (diese Gebetsweise) ›Gebet der Sammlung‹, denn dabei sammelt die
Seele alle ihre Kräfte und tritt mit Gott in ihr Inneres ein«
(S. 69). Schon der Versuch, sich auf Gott hin zu sammeln,
ist also Gebet.

Die Worte: »Vater unser im Himmel« sind eine Schule
echter Sammlung. Sie helfen mir, mit den sogenannten
Zerstreuungen richtig umzugehen. Eine gesammelte Haltung erreiche ich in der Regel nicht dadurch, daß ich mich
angestrengt zu konzentrieren versuche und gegen die Gedanken ankämpfe; auch die Anweisung fernöstlicher
Meditationslehrer, »leer« zu werden und »nichts« zu
denken, bevor man sich einem Betrachtungsstoff – wenn
überhaupt – zuwendet, ist für unsere europäische Seelen-
struktur zumindest problematisch. Nach der Gebetserfahrung Teresas gilt es vielmehr, Gedanken und Gefühle, die sich in der Seele bewegen, zum »Thema« des
Betens zu machen. Der ständige Gedankenmonolog, der ja
selbst im Schlafe nicht abreißt, ist nicht anders mit Erfolg
zu durchbrechen, als daß man ihn zum Dialog macht. Sich
sammeln heißt in der Gebetsschule Jesu: Ich denke meine
Gedanken nicht mehr allein, ich sage sie dem »Vater im
Himmel«, ich lege sie vor ihn hin und »sammle« sie in
seine Hände – einen Gedanken um den anderen, sei er
auch noch so dumm oder beschämend. Der Vater ist ja
meinen Gedanken und Empfindungen ganz nahe, sein
Himmel ist um mich und in mir, er hört ohnehin jede be-
wußte und unbewußte Regung meines Herzens – und er
versteht sie. Er hat ein Interesse an allem, was mich beschäftigt, quält, sorgt, versucht, erfreut oder belastet –
mehr als an frommen Worten, die nicht die meinen sind.

Nicht indem ich die sogenannten Zerstreuungen weg-
dränge, sammle ich mich, sondern indem ich – inmitten
meiner Gedanken und Gefühle, die doch nichts anderes
sind als die Widerspiegelung meines Wesens und meiner
Lebenssituation – mit Jesus mitbete und den Dialog er-
öffne: Du, Vater im Himmel, der du mich kennst mit
allem, was in mir ist . . . Dann sind die »Zerstreuungen«
gleichsam wie Bienen, die »zum Stock kommen und in ihn
hineinfliegen, um Honig zu bereiten, und dies alles, ohne
daß es uns Mühe kostet« (S. 50).

Geheiligt werde dein Name

Von den einzelnen Sätzen, die nun der Anrede folgen, erscheint wohl gerade der erste nicht wenigen Betern unverständlich. Er klingt formelhaft, für manche Ohren
auch antiquiert. Nach allem bisher über die Gebetsschule
Jesu Gesagten will eine solche »gehobene Kirchensprache«
nicht so recht zu der Unmittelbarkeit und Spontaneität
passen, die doch das Beten Jesu und seinen Umgang
mit Gott, dem Vater, kennzeichnen. Die exegetische Forschung legt uns dafür eine Erklärung nahe. Man nimmt
heute im allgemeinen an, daß zumindest Teile des Vaterunsers auf Gebete zurückgehen, die in den Gottesdiensten
der Synagoge gesprochen wurden und damit also tatsächlich der Liturgiesprache entstammen. Ein solcher
Gebetstext – die Vorform des später auch schriftlich
überlieferten jüdischen Kaddisch-Gebetes – kann etwa
gelautet haben: »Verherrlicht und geheiligt werde der
große Name in der Welt, die er nach seinem Willen schuf.
Er lasse walten seine Königsherrschaft zu euren Leb-

zeiten und zu euren Tagen und zu Lebzeiten des ganzen Hauses Israel in Eile und in Bälde.«[27] Mit Gebetsworten dieser Art war Jesus von Kind an vertraut. Es läßt sich leicht vorstellen, wie sie ihn begleitet haben und in seinem Herzen nachklangen; wie er sie meditiert haben mag, so daß sie für ihn zu gefüllten Worten geworden sind – ja, wie er in dieser Sprache der Väter die tiefsten, mit Worten der Umgangssprache nicht faßbaren Herzensinhalte vor Gott auszusprechen lernte. – Zusammenfassend schreibt Heinz Schürmann: »Jedenfalls hat ein derartiges Gebet unverkennbar den ersten Teil des Vaterunsers beeinflußt. Offenbar hat Jesus sich dieses aber ganz persönlich von seiner Grunderfahrung: der Abba-Erfahrung her ›zurechtgebetet‹.«[28]

Wenn mir Jesus Worte vorspricht, die er sich selbst erst »zurechtgebetet« hat, dann muß ich mir diesen ersten Satz des Vaterunsers – wie auch alle folgenden Sätze – »zurecht*hören*«, damit daraus auch mein ureigenes Gebet werden kann.

Heinz Schürmann schreibt, man dürfe die Worte »Geheiligt werde dein Name« »nicht – wie oft geschehen – als eine einleitende Lobformel verstehen«[29]; er zählt sie auch nicht zu den Vaterunser-Bitten, sondern nennt sie einen *Wunsch*, der »allem Wünschen und Bitten vorgeordnet« sei und »gleich zu Beginn ein, in gewissem Sinne *das* Hauptanliegen Jesu« ausdrücke.[30] »Vielleicht

---

[27] *Heinz Schürmann*, Gottes Reich – Jesu Geschick, Leipzig 1985, 37.
[28] Ebd.
[29] *Heinz Schürmann*, Gebet des Herrn, 37.
[30] Ebd. 36.

können wir hier einen Blick tun in die letzte große Sehnsucht seines Lebens, Betens und Wirkens.«[31]

So paradox es zunächst klingt: Jesus betet in der Sehnsucht, daß Gott Gott sei; er will, daß der Vater »heilig« und »herrlich« sei; er wünscht Gott, was dieser doch ohnehin schon in nicht mehr steigerungsfähiger Absolutheit besitzt. Das ist Sprache der Liebe. Die Liebe des Liebenden will für den Geliebten das Höchste und Herrlichste, und da der Vater es schon besitzt, was tut's?! Geringeres jedenfalls kann der liebend betende Jesus dem Vater nicht wünschen und weniger als das Heilige und Herrliche Gottes für Gott nicht ersehnen.

Vielleicht bedarf es einer eigenen Erfahrung, einer ganz persönlichen Erfahrung im Lieben, um sich hier in das Beten Jesu hineinspüren zu können; vielleicht braucht es aber auch nur die Er-Innerung an eine verborgene Sehnsucht, die sehr tief im Herzen des Menschen lebt: Ich möchte *lieben* können . . ., ich möchte *Gott* lieben können . . ., ich möchte Gott *rein und nur um seiner selbst willen* lieben können . . .

Wenn Jesus mir die Worte »Geheiligt werde dein Name« vorbetet, will er mich an diese »letzte große Sehnsucht« erinnern. Er will die Sehnsucht in meinem sonst so leeren Herzen wach-beten und es für die Liebe zum Vater bereiten. Denn erst solche Liebe macht mich zum Menschen, sie erst ist Leben.

Teresa nimmt die beiden Sätze »Geheiligt werde dein Name« und »Dein Reich komme« zusammen und legt das Gewicht auf den zweiten. Immerhin macht sie aber darauf

[31] Ebd. 36.

aufmerksam, daß der göttliche Meister ihrer Erfahrung nach mit der Liebe zum Vater auch den Wunsch in uns erwecken möchte, daß Gott *allen* Menschen zum Vater werde. Die Liebe, die für Gott das Höchste ersehnt, wünscht auch dem Mitmenschen das Kostbarste auf Erden: den Vater Jesu. Die großen Beter in der Geschichte taten sich immer schwer mit einer zu verkürzten Verkündigung, nach der es Menschen geben sollte, die Gott ohne deren Schuld vom Heil ausschließt. Teresa schildert ihr eigenes Empfinden, das aus diesem Gebetswunsch Jesu geboren ist, wenn sie schreibt: »Vielmehr erfüllen uns innere Ruhe und Seligkeit, Freude darüber, daß alle sich freuen, beständiger Friede und eine wunderbare Zufriedenheit, die daher kommt, daß ich sehe, wie alle den Herrn heiligen und loben, wie sie seinen Namen preisen und niemand Gott beleidigt. Alle lieben ihn, und die Seele weiß nichts anderes, als daß sie ihn liebt . . .« (S. 83)

Dein Reich komme

Es gibt Worte, hinter deren trockenen Silben sich ganze Welten verbergen, Welten von Erfahrungen und Hoffnungen. »Erfolg« zum Beispiel kann ein Schlüsselwort des Lebens sein, das all das bezeichnet, was ein Mensch ersehnt, wofür er arbeitet und kämpft. Ähnlich ist es mit dem Wort »Liebe«, so sehr es auch ständig der Inflation ausgesetzt ist. Auch »Freiheit« ist von jeher eine Vokabel, in der sich tiefes Sehnen der Menschen ausdrücken kann . . .
Um das Mitbeten dieser Vaterunser-Bitte vorzubereiten, wäre es gut, hier innezuhalten, den Text für einen Augenblick zur Seite zu legen und sich zu fragen: Was ist das

Schlüsselwort *meines* Lebens? Worin bündeln sich meine tiefsten Wünsche und Hoffnungen? Gibt es ein Wort, das den Sinngehalt meines Lebens ausdrückt?

Wenn Jesus vorbetet: »Dein Reich komme«, spricht er ein Schlüsselwort *seines* Lebens aus. »Reich Gottes« ist der zentrale Begriff in seiner Verkündigung. Alles, was er zu sagen hat, kann er in dieses Wort hineinlegen: »Die Zeit ist erfüllt, das Reich Gottes ist nahe. Kehrt um und glaubt an das Evangelium«, an die frohmachende Botschaft von diesem Reich Gottes! (Mk 1,15) Das gleiche sollen die Boten sagen: »Geht und verkündet: das Reich Gottes ist nahe!« (Mt 10,5)

Was beinhaltet das Schlüsselwort Jesu? Heinz Schürmann stellt fest: »Nirgends definiert Jesus bestimmt und erschöpfend, was er unter dem Gottesreich versteht, obgleich er seine ureigene Vorstellung davon genügend zu erkennen gibt.«[32] Das liegt wohl letztlich daran, daß sich gar nicht beschreiben und definieren läßt, was das Reich Gottes ist. Denn es »ist« nicht, sondern es »geschieht«. Wenn ich mich Gott zuwende, wenn Gott nicht nur in meiner Weltanschauung, sondern im Tun und Erleben mein »König« wird, dann ereignet sich Reich Gottes. Jesus sagt, es sei »nahe« (Mk 1,15 u. öfter). Damit meint er eine zeitliche, aber auch eine »räumliche« Nähe[33], die die Theologie »Wesensnähe«[34] nennt. Das Reich Gottes steht in seiner ganzen Größe und Herrlichkeit noch aus, es dauert nicht mehr lange, bis es ganz »kommt« –

[32] Ebd. 55.
[33] Ebd. 66.
[34] Ebd. 66.

aber es ist auch schon gegenwärtig, es ist »keimhaft«[35] da und »schon in euch« (Lk 17,21).

Um zu zeigen, was gemeint ist, betet mir Jesus das Reich Gottes gewissermaßen vor. Indem ich mitbete, kann ich zu verstehen beginnen oder wenigstens ahnen, worum es geht. Jesus erzählt also nicht nur vom Reich Gottes, er nimmt mich auch bei der Hand, richtiger: bei der Seele, und führt mich zu ihm hin, läßt mich die Nähe dieses Reiches berühren. Es ist sein Wunsch, daß ich – im Beten – Reich Gottes erlebe und die Erfahrung mache, was »Verbundensein mit Gott«, »Von Gott angenommen sein«, »In Gott das Leben finden«, . . . – eben »Reich Gottes« – ist. Was Heinz Schürmann für das gesamte Vaterunser sagt, gilt gerade hier: »Letztlich wird . . . nicht der Ausleger, sondern der Beter des Vaterunsers den Schlüssel für die Verkündigung Jesu finden. Nur in der Gebetsschule Jesu lauscht einer mit Erfolg der Unterweisung Jesu.«[36]

Betend nur ertaste ich, was der Inhalt des großen Schlüsselwortes Jesu ist. Das hat seinen Grund auch darin, daß das Reich Gottes zutiefst etwas mit der Beziehung zu tun hat, die zwischen Jesus und dem Vater besteht. Daß er – und ich mit ihm – zu Gott »Abba, lieber Vater« sagen kann, das *ist* das Reich Gottes. »Jesu Abba-Anrede definiert . . . seine Reich-Gottes-Verkündigung in einer ureigenen und analogielosen Weise«[37], schreibt wiederum Heinz Schürmann und erklärt bereits zu Beginn seiner Studie: »Diese Anrede ist die ›Seele‹ des Gebetes und jeder einzelnen

[35] Ebd. 67.
[36] Ebd. 16.
[37] Ebd. 71.

Bitte. Sie will vor jeder Bitte im Grunde betend mitgedacht und wiederholt werden.«[38]

Der »Abba« – das ist der Lebensinhalt Jesu. Und das »Reich Gottes« – das ist sein »großer Wunsch«[39] für mich und meine Brüder: daß die Begegnung mit dem Vater sich ereigne, anfanghaft jetzt schon, und daß die Gemeinschaft mit ihm, und von ihm her die Gemeinschaft unter uns, endgültig und vollkommen werde.

Teresa spricht an dieser Stelle vom sogenannten »Gebet der Ruhe«. Die geistlichen Lehrer verstehen darunter ein stilles Verweilen vor Gott, ohne viele Worte und Gedanken, getragen eben von jener Erfahrung, zu der Jesus vorbetend hinführen möchte: Ich erfreue mich daran, daß Gott da ist als »unser Vater«; Gelöstheit und Ruhe ziehen in die sonst so hin und her geworfene Seele ein, wenn ich mich seiner Nähe vergewissere; aus der Tiefe der Seele, wie aus der verborgenen Quelle am Grunde eines Brunnens, strömt mir eine Liebe zu, mit der ich ihn, den Vater, lieben, und ein Sehnen, mit dem ich ihn allen Menschen wünschen kann, ganz und für immer ...

Ein »Gebet der Ruhe« kann ich nicht »machen«, aber damit Gott es schenken kann, wartet er gewöhnlich, bis ich dafür Zeit habe und äußerlich und innerlich empfänglich bin. Mit der Einladung, seinen »großen Wunsch« bewußt und ruhig mitzubeten, weist Jesus selber einen Weg zu solcher Bereitschaft und Empfänglichkeit. Teresa soll auch dazu selbst zu Wort kommen:

[38] Ebd. 22.
[39] Ebd. 54.

Es gibt »Menschen – zu denen gehörte ich auch –, die rührt der Herr tief innerlich an . . ., ja er beschenkt sie sogar mit seinem Reich, indem er sie in das ›Gebet der Ruhe‹ führt – und sie benehmen sich dennoch wie taub! Sie sind so darauf eingestellt, einen Gebetstext an den anderen zu reihen – und das in beachtlicher Geschwindigkeit, wie einer, der ein Pensum hinter sich bringen will. Weil sie schon von sich her täglich eine entsprechende Anzahl von Gebeten zu verrichten haben, nehmen sie nichts mehr an, selbst wenn der Herr ihnen, wie gesagt, sein Reich in ihre Hände legt . . . Macht es nicht so, Schwestern! Schaut hin, wenn der Herr euch dieses Geschenk anbietet . . . « (S. 95f)

Dein Wille geschehe, wie im Himmel so auf Erden

Schnell ist dieser kleine Satz des Vaterunsers ausgesprochen. Der Atem kann mir stocken, soll ich ihn überlegt und ernstlich mitbete, denn hier gebe ich Gott eine Blanco-Vollmacht, über mich zu verfügen, wie er will . . .!
Ich habe Angst. Ich fürchte, es könnte etwas sein Wille sein, das weh tut . . .
Die Bibelwissenschaft macht darauf aufmerksam, daß dieser dritte Wunsch[40] des Herrengebetes nur in der Fassung des Matthäusevangeliums überliefert ist, die ältere Fassung bei Lukas kennt ihn nicht[41]. Heinz Schürmann vermutet, daß »hier vielleicht ein ursprünglich isoliert überliefertes kleines Gebetchen Jesu für würdig befunden

---

[40] Ebd. 79.
[41] Vgl. Mt 6,10b und Lk 11,2.

worden (ist), als Erläuterung des vorigen Gebetswunsches in das Gebet des Herrn nachträglich eingefügt zu werden.«[42] Auf jeden Fall »atmet auch diese sekundär eingefügte Bitte den Geist Jesu, der immer auf's Ganze geht, wenn es um Gott geht.«[43] – Wie es sich auch verhält, ob nun Jesus diesen Satz im Vaterunser oder als gesondertes Gebets- wort gesprochen hat – der Gebetsschule Jesu würde etwas Entscheidendes fehlen, wenn uns nicht eben diese Worte überliefert wären, die uns den Atem stocken machen!

Hier wird alles zuvor Gehörte und Mitgebetete konkret. Nun geht es um mich. Und ich muß Farbe bekennen.

Teresa weiß, wie schwer uns die Hingabe des eigenen Willens an den Willen Gottes fällt und wie schnell Jesu Wunsch in unserem Mund zur »Floskel« (S. 101) wird. Sie bringt ihren Schwestern einen anschaulichen Vergleich: »Wenn ihr ihm nicht ... euren Willen schenkt, würdet ihr mit Gott umgehen wie einer, der jemandem einen Edel- stein zeigt, den er ihm schenken möchte, und ihm sagt: ›Dieser Edelstein gehört dir, bitte nimm ihn!‹, ihn aber in dem Augenblick wieder zurückzieht und lieber für sich be- hält, wo jener die Hand ausstreckt, um ihn entgegen- zunehmen« (S. 101).

Wie schwer tue ich mich, meinen »Edelstein« herzugeben! Ich brauche mich nicht zu scheuen, das einzugestehen. Auch brauche ich mir nicht als Heuchler vorzukommen, wenn ich dennoch das Vaterunser bete. *Jesus* betet es ja in mir. Er betet mich Tag um Tag und mit endloser Geduld zum Willen des Vaters hin ... – bis ich selber mit einstimme.

---

[42] *Schürmann*, Gebet des Herrn, 79.
[43] Ebd. 86.

Nur im Beten, in der Beziehung von Person zu Person, kann Christus mich lehren, Gott zu vertrauen. Je mehr ich betend etwas von seinem Reich verstehe, desto eher wird es meinem »in sich gekrümmten Herzen« (Augustinus) möglich sein, sich den Plänen Gottes anzuvertrauen. Nur einem Vater, der Liebe ist, kann ich glauben, daß es aus Liebe geschieht und irgendeinen noch verborgenen Sinn haben wird, wenn sein Wille mir Schweres und Leidvolles zumutet. Teresa gesteht dem Herrn: »Wenn einmal die Erde zum Himmel geworden ist, dann kann dein Wille in mir geschehen. Sonst wüßte ich nicht, Herr, wie es möglich sein sollte – vor allem, wenn die Erde so schlecht und so unfruchtbar ist wie die meine« (S. 98).

An dieser Stelle spricht Teresa über das »Gebet der Vereinigung«. Ähnlich wie das »Gebet der Ruhe« ist auch diese Weise zu beten nicht in die menschliche Verfügung gestellt. Sie ist die Frucht eines langen Weges und ein nicht auf Gebetszeiten begrenztes Geschehen, sondern vielmehr ein Dauerzustand des inneren Verhältnisses von Gott und Mensch, eine zur Vollendung gekommene »Freundschaft« (S. 104 u. öfter). »Denkt niemals«, erklärt unmißverständlich Teresa ihren Schwestern, »ihr könntet aus eigener Kraft und durch eigenes Bemühen hierher gelangen. Dieser Zustand liegt außerhalb eurer Möglichkeiten. Wenn ihr versucht, ihn zu erreichen, würde die Andacht, die ihr habt, kalt werden. Sprecht vielmehr in Schlichtheit und Demut, die alles erreichen: ›Fiat voluntas tua!‹« (S. 105)

Ich komme in neue Schwierigkeiten. An Brot fehlt es nicht
– wie kann ich da ehrlich mitbeten: »Unser tägliches Brot
gib uns heute?« Sollten wir in unserer europäischen Kirche
nicht lieber beten lernen: »Gib uns etwas weniger! . . . Gib
den vielen Hungernden auf der Erde täglich ihr Brot! . . .«
oder: »Zeige uns Christen in den Wohlstandsländern
Wege, etwas gegen die in aller Welt zum Himmel schreiende
Not zu tun . . .«?

Ich bin auf der richtigen Fährte, wenn solche Fragen beim
Meditieren in mir wach werden. Nach dem dreifachen
großen Gebetswunsch, daß Gottes Reich komme, sein
Name geheiligt und sein Wille erfüllt werde, spricht Jesus
nun *drei Bitten* vor, in denen es um »ganz irdische Dinge«
geht, es sind »Notrufe«, mitten aus dem Leben heraus.[44]
Und wer um diese Not nicht weiß, weil sie ihn selbst im
Moment nicht betrifft, der wird an sie erinnert: Indem
Jesus mich anleitet, um »*unser* tägliches Brot« zu bitten,
stellt er mich in eine Gemeinschaft, in eine »Notgemeinschaft von Brüdern«[45]. Jesu Schule der Gottesliebe ist
immer auch eine Schule der Nächstenliebe, und wem es
um Gottes Reich geht, wer sensibel zu werden beginnt für
Jesu großes Anliegen, muß auch sensibel werden für die
Nöte der Menschen.

Aber es geht in der Brotbitte auch um meine eigene Not,
um die Nöte dessen, der Brot genug hat. »Wem Jesus diese
drei Bitten in den Mund legt, (dem) verhilft er gleichzeitig

[44] Ebd. 88.
[45] Ebd. 98.

zu einer ›Existenzerhellung‹: dem sagt er, in welcher Not er ist.«[46]

Ich möchte in der Freundschaft mit Christus leben und nichts als sein Reich suchen – und bin doch so behindert, bin verstrickt in so viele fragwürdige Sorgen und Begierden: das ist meine Not. Im Beten wird sie aufgedeckt.

Behutsam betet Jesus in diese Not hinein – und dann, wenn ich mich ihm anschließe, mit mir aus dieser Not heraus, zum Vater hin: »Unser tägliches Brot gib uns *heute*«. Diese Bitte sagt, der Vater möge geben, was ich heute brauche, nicht schon, was mir morgen nötig sein wird. »Es geht nur um diesen Tag – das Morgen kümmert den Beter noch nicht«[47], kommentiert Heinz Schürmann. Ein Gedanke, der auf Widerstand stoßen muß. Nur für heute? Ja. Damit es mir tatsächlich zuerst um Gott und sein Reich geht! Das Wörtchen »täglich« unterstreicht dies noch: Um nicht mehr als um das Notwendige, um das »Existenzminimum«[48] soll es mir gehen. »Die so beten«, räumt Heinz Schürmann ein, »haben den ›einen Herrn‹ gefunden, und nun können sie nicht mehr im Dienste des Mammon stehen . . . So können freilich nur die ›Söhne des Königtums‹ beten, die Gott von der ›Zukunft‹ befreit hat, weil er sie das Königtum Gottes finden ließ. Da ist es vorbei mit diesem so seltsam uneigentlichen Leben, das immer so unnütz nach dem ›Morgen‹ fragt.«[49]

Jesu Gebetsschule bringt Unruhe in mein Leben. »In dieser Schule lernt man, was der ›Geist Jesu‹ ist. Jesu

[46] Ebd. 88.
[47] Ebd. 92.
[48] Ebd. 100.
[49] Ebd. 101f.

Gebetsschule ist also – wir erkennen es immer wieder – eine Lebensschule: Man müßte anders werden und im Geiste Jesu reifen, um so beten zu können.«[50]

Die Bibelwissenschaft spricht sich heute »gegen jede vorschnelle Allegorisierung und gleichnishafte Deutung«[51] dieser Vaterunser-Bitte aus. Teresa aber kann noch unbekümmert im »täglich Brot« ein Bild für Christus sehen. Die Bitte meint dann: *Christus* möge mir nicht fehlen, die Gemeinschaft mit ihm sei heute das Brot, das mich nährt und stark macht für seinen Dienst. »Töchter, stimmt doch in das Beten des Herrn mit ein, bittet doch auch ihr wie er den Vater, daß er heute euren Bräutigam bei euch lasse, damit ihr in dieser Welt nicht ohne ihn leben müßt! . . . Ihr habt euch dem Willen Gottes ganz überlassen. Also sorgt euch nun nicht mehr um anderes Brot!« (S. 112)

In dieser Sicht ist die Brotbitte für Teresa Anlaß, auf den Wert der Stille nach dem Kommunionempfang aufmerksam zu machen: »Nutzt eine so gute Gelegenheit wie die Zeit nach dem Kommunionempfang! Da tauscht euch mit ihm aus! . . . Die Zeit nach der Kommunion ist so wertvoll. Gerade dann will uns unser Meister unterweisen. Hier ist die rechte Zeit, ihm zuzuhören . . .« (S. 117)

Und vergib uns unsere Schuld,
wie auch wir vergeben unsern Schuldigern

Wieder lasse ich mir Jesu Gebetsworte vorsprechen, einmal und noch einmal, bis ich in sie hineinhören kann . . .

---

[50] Ebd. 103.
[51] Ebd. 90. Allegorisierung = bildhafte Deutung.

Schuld? Wieso Schuld? Freilich, da ist viel Schuld – könnte ich sie doch klar erkennen! ...

»Existenzerhellend« ist auch diese Bitte. Jesus macht mich stutzig und nachdenklich – und zwingt mich zur Ehrlichkeit. Sehr vornehm tut er es, behutsam – aber entschieden! Sünden fallen mir ein, einzelne Lieblosigkeiten, aber auch zu Gewohnheiten verhärtete Haltungen ...

Beim nochmaligen Hinhören fällt mir auf: nicht von Sünden spricht Jesus, sondern von Schuld. Wörtlich aus dem Urtext übersetzt, ist sogar von »Schulden« die Rede.[52] Unser Gewährsmann der neutestamentlichen Schriftauslegung kommentiert erklärend: »›Schulden‹ entstehen, wenn man nicht bezahlt, was man schuldet.«[53] – Ich habe also *Schulden* bei Gott?

Jesus macht mir mit einem Bild bewußt, in welcher Situation ich mich gegenüber dem Vater befinde: Ich habe von ihm etwas erhalten und bin nicht in der Lage, es zurückzugeben oder angemessen zu begleichen. Ich habe Leib und Leben von Gott, ich habe die Mitmenschen von Gott, ich habe Gott von Gott ... – ich bin abgrundtief verschuldet, weil ich auf die übergroße Liebeszuwendung dieses Gottes, dem ich *alles* verdanke, nicht antworten kann! Und ich teile dieses Schuldner-Dasein wiederum mit der weltweiten »Notgemeinschaft«: Es geht um »*unsere* Schulden«.

Mein Leben und das Leben meiner Mitmenschen rücken in neues Licht. Ich verstehe, wer wir sind. Und wenn ich wiederum hinhorche und bedenke, mit welcher Liebe der

[52] Vgl. die neue Einheitsübersetzung (Mt 6,12).
[53] Ebd. 105.

göttliche Meister solche Worte in mir spricht, tritt diese Erkenntnis in noch helleres Licht. Gott hat sich aus Liebe meiner Liebe bedürftig gemacht . . .

Jetzt erst kann ich nachsprechen: »Vergib uns unsere Schulden!« Weil Jesus so vorbetet und mit mir mitbetet, weiß ich, daß mir längst vergeben *ist*. Diese Worte bewirken alles zugleich: Existenzerhellung, Dankbarkeit, Schmerz, Sehnen nach Vergebung und Gewißheit der Vergebung, neues Erahnen der Liebe des Vaters . . . Ich weiß dann: Die Schuldenbegleichung, die Gott erwartet, besteht nicht in »Leistungen«, ihm genügt nur, wenn ich ihm seine Liebe glaube, seine Barmherzigkeit zu mir und meinen Brüdern.

». . . wie auch wir vergeben unsern Schuldigern« – ein störender Nebensatz in dieser andächtigen Meditation! Die wissenschaftliche Textanalyse kann diesen Eindruck des Betens in der Schule Jesu nur bestätigen: »Hier wird das Gebet ähnlich unterbrochen wie bei dem Mann, der auf dem Wege zum Opferaltar seine Gabe stehen- und liegenläßt, hingeht und sich zuerst mit seinem Bruder versöhnen will (Mt 5,23f) – wahrlich eine auffällige ›Störung‹ der liturgischen Handlung . . . Ohne Zweifel ist (dieser Einschub) formal ein Fremdkörper in dem sonst so geschlossenen Gebet, an dem wir uns stoßen sollen.«[54] Die Störung wird noch unbehaglicher, wenn ich mir sagen lassen muß, daß der Satz grammatikalisch in der vollendeten Vergangenheit steht und eigentlich übersetzt werden müßte: »wie auch wir *vergeben haben* unsern Schuldnern.«[55]

[54] Ebd. 119.
[55] Ebd. 118.

In der Gebetsschule Jesu lerne ich an dieser Stelle ein Kriterium kennen, an dem ich die Echtheit meines geistlichen Lebens prüfen kann. Alles bisherige Beten war nur in dem Maße echt, wie ich dabei ein wenig barmherziger zum nächstbesten Bruder geworden bin. Sonst habe ich auf Kosten Gottes nur mich selbst gesucht. Teresa formuliert sehr direkt: »Wenn Gott einem Menschen wirklich das Geschenk gemacht hat, in dem Gebet zu leben, das man ›vollkommene Kontemplation‹ nennt, dieser Mensch aber nicht feste Entschlossenheit zeigt, jedes Unrecht, das ihm geschieht, so groß es auch sein mag, zu verzeihen . . ., dann soll er von seinem Gebet nicht viel halten!« (S. 129)

Wenn ich auch der Überprüfung meiner Frömmigkeit anhand dieses Kriteriums nicht standhalte – ich darf die Bitte in ihren beiden Teilen wiederholen und die Entschiedenheit der Liebe und Barmherzigkeit dieses Meisters von neuem erfahren, der sie mich mit grenzenloser Geduld zu beten und zu leben lehrt.

Und führe uns nicht in Versuchung, sondern erlöse uns von dem Bösen

Wer bis hierher mit Jesus mitgebetet hat, wird nun plötzlich darauf gestoßen, daß er mittendrin in einer Welt lebt, in der ihm alles wieder entzweigehen kann, was ihm in der Gebetsgemeinschaft mit Jesus geschenkt wurde. Denn es geht in dieser letzten, aus zwei Teilen bestehenden Bitte »nicht um ›Versuchungen‹, die überall und immer Menschen bedrohen können, nicht primär um alle Anreizungen zur Sünde, sondern im Schatten der Bitte um das Kommen des Reiches doch wohl viel konkreter um das Ganze der

Jüngerexistenz.«[56] Mit dem »Bösen« sind nicht Anfeindungen, Verleumdungen, Krankheiten und Mißerfolge, eben allerlei »Übel« und Widerwärtigkeiten gemeint – »so eine bedrohliche Gefährlichkeit sind für ihn (Jesus) irdische Unglücksfälle doch wohl nicht«[57]! Das »Böse«, vor dem der Vater uns retten soll, ist vielmehr »die große Sünde, der Glaubensabfall«[58]. Das Schlimmste, was mir geschehen kann, nachdem ich in Jesus einen solchen Freund und Meister, in Gott einen solchen Vater und mitten in meinem Leben ein solches anbrechendes »Reich« gefunden habe, ist – das wird mir nun am Schluß bewußt gemacht –, daß ich mich aus der Beziehung zu Gott wieder herausbegeben könnte! Das Vaterunser endet in einem »Notschrei«[59]!

Der Gebetsschule Jesu fehlt in der Tat »jede liturgische Abschlußfeierlichkeit«[60]. Die heutige Bibelwissenschaft hat guten Grund, den zweiten Teil dieser Bitte, der wiederum nur in der Matthäusfassung überliefert ist, als späteren Zusatz zum ursprünglichen Gebet Jesu anzusehen.[61] Dann schließt das Vaterunser erst recht in einer Weise, an der sich bereits die erste Christengeneration gestoßen haben mußte. Damit der »harte Abschluß des Gebetes etwas gemildert«[62] würde, brachte man einen leicht gedehnten Ausklang in den Gebetsfluß – ähnlich

[56] Ebd. 133.
[57] Ebd. 138.
[58] Ebd. 138.
[59] Ebd. 142.
[60] Ebd. 142.
[61] Ebd. 126 u. 136f.
[62] Ebd. 136.

einem Ritardando am Schluß eines Musikstückes –, indem das eben Gesagte noch einmal in veränderter Form wiederholt wurde.

»Im Beten Jesu«, stellt Heinz Schürmann fest, »finden wir eine existentielle Eindringlichkeit, die das christliche Beten von jeher davor bewahren will, liturgisch zu ›verfeierlichen‹ und zu ›verkulten‹ und so vor dem sich erniedrigenden, sich schenkenden und erbarmenden Gott in einen abgehobenen Unernst zu geraten.«[63]

»... und führe uns nicht in Versuchung«: Es seien nicht die Versuchungen von außen, um die es dem Meister hier ginge, sagt auch Teresa. Denen solle man sich tapfer wie ein Soldat Christi stellen! (Vgl. S. 137.) Wovor mich der Vater bewahren muß, sind die fromm getarnten Versuchungen von innen, die letztlich dem eigenen Stolz entspringen und geschickt durch *den* Bösen eingefädelt werden, um die Beziehung zu Gott zu zerstören: die selbstgefällige Meinung, ich sei doch schon recht weit in der Verwirklichung der christlichen Tugenden fortgeschritten (vgl. S. 139f), ich sei eigentlich schon sehr losgelöst von Anhänglichkeiten (vgl. S. 143), ich sei gegenüber Fehlern und Lastern, die ich früher an mir hatte, gefeit (vgl. S. 146), und ich sei – das ist »eine ganz gefährliche Versuchung« (S. 144), die Teresa auch von sich selber kennt – für ein wirkliches geistliches Leben zu schlecht (vgl. S. 144f) ... Als gute Kennerin des Menschenherzens weiß Teresa, wie nahe solche Gefährdung einem jeden ist und wie leicht und unerkannt sie sich einschleichen kann.

[63] Ebd. 142.

Jesus läßt mich im Erschrecken vor so großer Gefahr nicht allein. Er macht aus meiner Angst einen »Notschrei« – vor dem, den ich nicht mehr verlieren will! Das ist seine letzte, erhellende Lektion: Ich soll erfahren, daß ich zu jeder Zeit, gewissermaßen »aus dem Stand heraus«, selbst in Versuchung und selbst im Fallen, vor seinen Vater treten kann und es seinerseits niemals einen Anlaß geben wird, sich über mich zu entsetzen und mich zu verlassen.

Das Schlußwort in unserer Meditationshilfe wird Teresa gern dem Gelehrten überlassen:

»Das Herrengebet kreist in sich selbst: Am Ende will es wieder von vorn beginnen: ›Vater, es komme dein Reich!‹ Der letzte Notruf dieses Gebetes steigt auf aus der versuchlichen Situation, aus der wir nach dem Kommen der Gottesherrschaft rufen. Erst wer die letzte Bitte aus tiefer Seele gesprochen hat, kann mit dem Gebet beginnen und den einen großen Gebetswunsch richtig sprechen. Gar nichts anderes kann eigentlich auf diesen letzten Notruf folgen als der erneut und diesmal noch intensiver gesprochene Wunsch um das baldige Kommen des Reiches, das die Tage ›abkürzt‹ und so alle Gefährdung beendet (vgl. Mk 13,19f). Das Gebet des Herrn ist ein kreisendes, ein immerwährendes Gebet. Man kann mit ihm nicht mehr aufhören. Am Ende muß es wieder neu beginnen. Das kommt, weil es eigentlich nur aus einem einzigen großen Wunsch besteht: dem Verlangen nach dem Kommen der Herrschaft Gottes und seines Reiches. Hier ist die alles in ihren Bann ziehende Mitte, die selbst um die zum Himmel ragende Achse kreist: ›Vater, geheiligt werde dein Name.‹ Die drei Bitten aber begleiten wie drei Planeten jenen Zentralwunsch nach Gottes Herrschaft und Reich. Das

Gebet des Herrn hat eine unerfindbare Architektonik, die sich letztlich nur dem Beter erschließt. Es können Ausgestaltungen und Zusätze angebaut werden im Laufe der Jahrhunderte; es mag die ganze Stadt des kirchlichen Stundengebetes und seine Jahresliturgie sich darum ansiedeln: Die schlichteinfache Grundform dieses Gebetes bleibt immer erkennbar und prägt seinen Geist gebieterisch allem auf, was umkleidet und umgibt. Wie alle *Worte* Jesu (Mk 13,31), so wird auch dieses *Gebet* Jesu nicht vergehen. Es wird erklingen, bis es verschlungen wird vom kommenden Gottesreich: Dann werden die drei Bitten von ihm abfallen; sein einziger, aber letzter Wunsch ist erfüllt, Gottes Herrschaft und Reich sind Wirklichkeit. Es bleibt dann ganz am Ende und für alle Ewigkeit in reiner Gestalt nur der Anfang des Gebetes, der ja auch immer schon seine verborgene Seele war: ›Vater, geheiligt werde dein Name!‹«[64]

[64] Ebd. 142f.

ZEITTAFEL ZUR LEBENSGESCHICHTE
DER HL. TERESA VON ÁVILA

1515 Teresa de Ahumada y Cepeda wird zu Ávila als fünftes von elf Kindern geboren. Die Familie gehört dem niederen Adel an. Väterlicherseits ist Teresa jüdischer Abstammung, der Großvater hatte sich vom Judentum zum christlichen Glauben bekehrt.

1528 Tod der Mutter.

1531–1532 Erziehung im Internat der Augustinerinnen in Ávila; Teresa erkrankt und muß nach Hause zurückkehren.

1535 Teresa tritt in den »Karmel der Menschwerdung« zu Ávila ein; zwei Jahre später legt sie die endgültige Profeß ab.

1538–42 Teresa erkrankt schwer; nach drei Jahren völliger Lähmung findet sie plötzlich Heilung, die sie der Fürbitte des hl. Josef zuschreibt.

1554 Beim Anblick einer Statue des leidenden Christus erfährt Teresa Bekehrung aus einem Ordensleben in Halbheit und geistlicher Lauheit; von nun an wendet sie sich dem inneren Beten zu.

1560 Teresa erkennt ihre Berufung zur Reform des Karmelitenordens; »Gründungssitzung« in ihrer Zelle mit einigen gleichgesinnten Schwestern; die Reform verbindet das eremitische Element der ursprünglichen Regel (13. Jh.) mit einer neuen Betonung des geistlichen Lebens als Christusfreundschaft, des inneren Betens als Apostolat für die Welt und des Gemeinschaftslebens; auf Geheiß der Beichtväter beginnt sie die Niederschrift ihrer *Autobiographie*.

1562 Gründung des ersten Reformklosters »San José« in Ávila; Beginn der Abfassung des Buches *Weg der Vollkommenheit*.

ISBN 3-7462-1021-6

2. Auflage 1992
Typographie: Ino Zimmermann
Umschlag: Paul Zimmermann
Satz: Jütte Druck GmbH, Leipzig
Druck und Binden: Buchbinderei GmbH Grafik-Druck Leipzig